· 刘敬儒内家拳丛书 ·

八卦掌技击与养生

刘敬儒 主编

北京体育大学出版社

策划编辑：秦德斌
责任编辑：秦德斌
责任校对：赵红霞
版式设计：华泰联合

图书在版编目 (CIP) 数据

八卦掌技击与养生 / 刘敬儒主编 . -- 北京：北京
体育大学出版社，2019.9（2021.6重印）
（刘敬儒内家拳丛书）
ISBN 978-7-5644-3195-2

Ⅰ . ①八… Ⅱ . ①刘… Ⅲ . ①八卦掌—养生（中医）—
基本知识 Ⅳ . ① G852.16 ② R212

中国版本图书馆 CIP 数据核字 (2019) 第 151608 号

八卦掌技击与养生

刘敬儒　主编

出版发行：	北京体育大学出版社	
地　　址：	北京市海淀区农大南路1号院2号楼2层办公B-212	
邮　　编：	100084	
发 行 部：	010-62989320	
邮 购 部：	北京体育大学出版社读者服务部　010-62989432	

印　　刷：	北京昌联印刷有限公司	
开　　本：	710 mm × 1000 mm　　1/16	
成品尺寸：	170 mm × 240 mm	
印　　张：	7.25	
字　　数：	128千字	
版　　次：	2020 年 1 月第 1 版	
印　　次：	2021 年 6 月第 2 次印刷	
定　　价：	26.00 元	

《八卦掌技击与养生》编写组

主　编：刘敬儒

副主编：杜成中　　刘心莲　　冯维华　　陆　瑶
　　　　孔　诚

策　划：赵奎喜　　刘玉强　　邢殿和　　李胜利
　　　　代海强　　孙振虎　　向　波　　公　晨

摄　影：蒋天祥　　冯　军

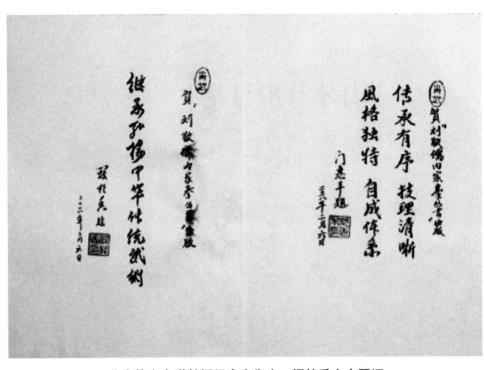

北京体育大学教授门惠丰先生、阚桂香女士题词

中国武术院原院长张耀庭先生题词

序

　　刘敬儒先生和我是好朋友，他长我一岁，我们相识五十多年了。我们的认识没有介绍人，是他的技术让我认识了他。1963年，我在北京体育学院上学，代表北京体育学院参加北京市武术比赛，当时是在劳动人民文化宫的体育场。我们参加的不是同一个项目，他是练八卦掌和形意拳的，我是练查拳和燕青翻子拳的，但我喜欢看所有老师的那些比赛项目。到了八卦掌的时候，刘老师一上场，我的眼睛一下子就亮了，他的动作非常精彩、漂亮。比赛的结果是刘老师第一。比赛结束后，我就和他套近乎："你练得真好呀……"这样我们就认识了。大学毕业前，以及1963年、1964年、1965年这几年，我都特别注意刘老师的比赛。我大学毕业后留京，被分到北京市业余武术学校当教练，都是搞教育的，我们交流就多了。

　　通过半个多世纪的交往，我深深地了解到刘敬儒先生最大的优点就是为人正派，尊师重道，练功勤奋刻苦，博采众家之长。他于1957年投师于京城著名武术家骆兴武先生门下，学习形意拳、程氏八卦掌；20世纪60年代，追随张占魁弟子裘稚和先生学习八卦掌、螺旋拳；后从尹福外孙何忠祺先生学习尹氏八卦掌，并拜山东黄县单香陵先生为师学习六合螳螂拳法；同时，得到著名武术家程有信、刘谈峰、王文奎等多人的指点，深得八卦掌、形意拳和六合螳螂拳的精要。

　　刘敬儒先生为中华武术事业的传播和推广做出了重要贡献。他自2003年起多次走出国门传授八卦掌，得到众多国际武术爱好者的追随，在美国、法国、希腊、意大利、澳大利亚、日本等国家有众多国外弟子。刘敬儒先生全心投入武术事业，潜心研究、继承和发扬中华武术，教徒育人，桃李满天下。他的很多弟子都已著书立说，他们各自为中华武术的推广、发展做出了贡献。

刘敬儒先生虽年过八十，但仍不辞辛苦，为弘扬、传播中华武术，可谓鞠躬尽瘁，现又将六十余年练习八卦掌的最新领悟和攻防真谛著作成书，无私地贡献给社会。书中专门阐述"走中打""斜出正入""攻防一步到位""出手不轻回""叶底藏花"等新的攻防理念，值得大家参考和借鉴。

本书对后学者有一定的指导作用，也为八卦掌的发展贡献了一份力量。我衷心地希望，传统武术八卦掌能够得以传承，我国的武术事业能够蓬勃发展。

武友 吴彬

2018 年 5 月于北京

目 录

八卦掌的技击特点

六十四手对练

八卦趟泥步

八卦掌养生功

本书视频资源总码

本书二维码使用说明

　　本书二维码教学视频资源全部指向书链网，您可以直接微信扫码观看教学视频，也可以在手机中安装书链App(客户端)扫码使用。App下载视频到手机，支持离线播放。

第一章

八卦掌攻防十要

八卦掌的技击特点

　　有些人练习八卦掌多年，还问："怎样才能一下子到敌人身后呢？""练习八卦掌要转圈，是为了把敌人转晕后再打吗？"甚至有某位八卦掌专家在电视讲座中还说："八卦掌技击特点是避正就斜，没有正面进攻……"诸如此类问题不胜枚举，这表明当下八卦掌技击方面存在很多问题。现在有许多练习八卦掌者只练套路，不懂用法。有些人懂一些，也很片面，不够深刻，真正练得好又是技击高手者少之又少。同时，阐述八卦掌攻防之术的书籍为数不多、质量参差不齐。因而，根据过去许多老前辈的无私传授，以及我练习八卦掌六十余年的心得和领悟，特意总结"八卦掌攻防十要"贡献给大家。为了给初学八卦掌者以参考，也为了抛砖引玉，共同努力探讨和挖掘八卦掌法之内涵，探究其中的博大精深。

一、以掌为法

八卦掌是以掌法和走转为主的内家拳术。练功时、交手时都要时时刻刻用掌，交手时更是"以掌为法"。"以掌为法"就是不用拳。八卦掌的"掌"分掌心、掌背、掌指、掌沿、掌根、掌腕六部分。交手时使用任何一部分都是八卦掌法，非仅仅掌心耳。例如：本来要用掌心打击敌人胸部，突然情况有变，可立即改为指，直插敌耳，敌若闪躲，可改掌沿，横削敌人头颈。又如：本想用右掌扇敌左脸，敌招架，我则向下翻腕，改用掌背，抽敌右脸，忽左忽右，令敌眼花缭乱，难以防范。又如：敌人双掌就要按上我的胸膛，我可含胸，用双掌掌心向下按敌双手，不待敌人有所反应，立即变成双掌掌心向前，劲力爆发，把敌人打倒在一丈开外。故八卦掌法有：点、削、云、探、穿、拨、截、拦、推、托、带、领、搬、扣、刁、钻、粘、黏、连、随、开、合、劈、按、抄、挂、掖、撞、勾、挑、撩、缠、立等，不胜枚举。

其实，两手一出，是个动作。除握拳外，凡是有攻防意念的动作都可谓八卦掌法。所以说，八卦掌法千变万化。老前辈们说："行立坐卧，都可打人。"斯言非虚也。八卦掌功夫炉火纯青后，完全可以达到此种水平，举手投足间皆可制胜，从而达到"形无形，意无意，无意之中是真意""出手成招"，甚至"无招胜有招"的最高境界。

下面仅介绍八卦掌法中最常用的掌法，以供学习和参考。

（一）穿掌

凡五指向前，掌心向上，虎口圆撑，脚趾抓地，双掌、双臂（或单掌、单臂）蕴含螺旋和内力，向前穿出者皆为"穿掌"。交手时敌我双方单掌向前相接，名"移花接木"。互不进攻，以示礼让名曰"搭手"。若我向前穿掌，请对方先进攻，则名"老僧托钵"。若敌人先出手向我面部凶狠打来，我可自敌臂外侧向敌面穿击，只要前足踩后足蹬，沉肩坠肘，气沉丹田，劲力爆发，敌人必被打倒在丈外。穿掌攻防兼备，最易用、最实用，凡练八卦掌者无不善用此掌。

（二）塌掌

凡掌心向前，掌指朝上，向敌人胸部塌打之掌名曰"塌掌"。打出时要沉肩坠肘，脚趾抓地，气沉丹田，坐腕，有按塌之力。此掌威力极大，"眼镜程"程廷华的弟子李文彪老前辈就善用此掌，只用三成劲就可使对方吐血，故八卦掌的门中有口皆碑："谁敢接李先生这一掌啊！"我的恩师骆兴武被李先生的塌掌在胸前划了一下，就吃了三个月的"七厘散"。

（三）撞掌

凡双掌掌心向前，拇指向下或向上或相对撞击敌胸者皆为"撞掌"。拇指向上时名"双撞掌"；拇指向下、十指相对名"怀中抱月"。著名老前辈马贵先生善用此掌。当在敌人身侧、拧腰撞打敌人时，形似螃蟹之行，更因马贵先生善画螃蟹，故而人称"螃蟹马"，又因其开过木厂，又称"木马"。马贵先生与开过煤厂的"煤马"马维祺是两代人，"煤马"是董海川的弟子，"木马"是尹福的弟子，不可混淆之。

【按语】

真正的八卦掌除"反背捶"外都应用掌，但有的练过刘德宽先生的"八八六十四手"，有的练过形意拳或其他拳种，有时用拳也不奇怪。刘德宽先生的"八八六十四手"是为教军队而创编的，因刘德宽先生是练六合拳出身，还练过太极拳、八卦掌，又会擒拿和岳氏连拳，故其套路中大约三分之一是八卦掌手法，三分之一是六合拳、岳氏连拳手法，三分之一是太极拳或擒拿。"八八六十四手"虽属八卦门的东西，但严格地说，它不能算八卦掌法，只能称"八八六十四手"。

沉肩坠肘，丹田发力，双撞也

二、以走为用

八卦掌法是以走转为主的拳术。练功时要走转，"功夫本以弯步来"。

"走"的目的不是为了把敌人转晕后再打，也不是一走了之，逃之夭夭，而是为了"走中打"，这就是"以走为用"。"走中打"的方式很多，仅介绍下列几种。

（一）伺机进攻

当遇到敌人时可一掌前伸，一掌护后，在敌人面前忽左忽右地穿插而行，这样可以防范敌人进攻，更可以观察敌情，扰乱对手，使其无从捉摸，难以防范，乘机而攻之。尹玉璋先生说："凡遇敌人绕之环转，取隙乘机而出击。"就是指此。

（二）忽左忽右

我到了敌人身右，刚要打击，敌人手法已变，我可突然换到敌人身左打击，则谓"忽左忽右"的打法。例如：敌人向我胸部打来，我可上右步出左掌迎之，突然向敌人身左上右步、上左步而走，同时用左掌撞打敌胸。敌方防守，我则突然向敌人身右上左步、上右步而走，用右掌撞打敌胸，无不克敌制胜，名曰"抽梁换柱"。

（三）忽前忽后

敌我双方相对出手，我突然到了敌身后，又突然回到身前的打法曰"忽前忽后"。到敌身前或身后，最好一步，不得超过两步，这样敌难以防范，能出其不意地打击之。例如：敌上右步，出右手向我胸部打来，我也上右步，出右掌迎之，随之向敌身右上左步，向右拧腰出掌，已到敌人身后了，名曰"青龙返首"。若敌有防，我可立即抽身而回，到敌身左去打击。

（四）突然而回

八卦掌的"回身掌"是此种打法。打法主要有三：一是与敌人一触就走，敌人必追，我突然而回打击之，实为主动进攻之法；二是若逢强敌，进不了手，只好佯装败走，突然而回，是败中取胜之法；三是真走，对方不追就真的走了，对方追来，突然回身打之，是诱敌之法。但走时都要拧头回视，注视敌人动向。回身打击要突然，要出敌人意料，方可奏效。

（五）脱身换影

人的身和影是分不开的，叫作"形影不离"。"脱身换影"是指开始时敌我二人面对面，突然转身360°后，仍是敌我二人面对面，这种快速的转身打法就叫"脱身换影"。例如：敌我对峙，我出右掌打击敌面，敌人向外推我右臂，我则顺其推力向左扣步摆步，左转回身360°，仍是二人面对面，仍用右掌打击之，名曰"脑后摘盔"。

总之，"走中打"就是"以走为用"，凭借的是"走"。必须以多变的掌法、圆活的腰身、敏捷的步眼、虚实的劲力为基础，在意念支配下密切配合，达到步要快、要随，手要到，一动无有不劫，一气呵成，方能奏效。有些老前辈也把这种步也快、手也快、变化也快、出敌意料的打法称为"脱身换影"。

【按语】

有人说："八卦掌法是游击战术。"认识太肤浅了，还没有认识到"走转"的真正内涵。毛主席的游击战术是"敌进我退，敌驻我扰，敌疲我打，敌退我追"，这是在敌强我弱、力量悬殊的形势下的作战方略。八卦掌法是技击之术。敌我双方交手时敌人能"进、驻、疲、退"，我能"退、扰、打、追"吗？这不成了二人拉大锯、扯大锯或斗鸡吗？八卦掌法的"走"是为了"走中打"，没有什么偷袭和骚扰，也没有"驻"一会儿再打。八卦掌完全是主动进攻，是出其不意地打击敌人。它与游击战术是风马牛不相及。何况董海川先师传授八卦掌时还没有游击战，董先师不可能根据游击战术创立八卦掌！董先师所传八卦掌的技击特点绝不是打游击！

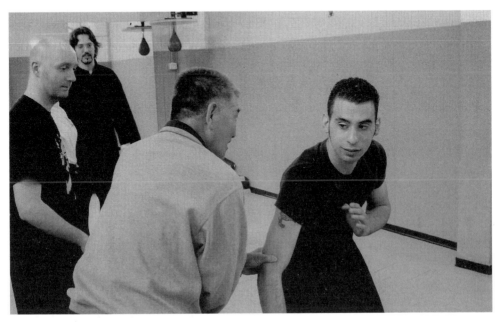

忽左忽右，忽前忽后，忽去忽回，"走中打"也

三、斜出正入

"斜出正入"是先"斜出"，以避开对方进攻之实，不与其正面对抗，然后再进身、进步，用"正入"方法打击之。"斜出正入"的目的是出奇制胜。

"斜出"要进步，"正入"也要进步。"斜出"是在对方身侧进步，"正入"是在两足之间进步。进步是关键，但没有掌法和拧腰转体的密切配合是办不到的。

例如：对方进右步出右手向我胸部打来，我可迅速向对方右足后扣左足，同时向右拧腰转体，用左肘掩出对方来手，则为"斜出"。此时对方想用左手打我已过不来了，极不得力，这就叫"一星管二"。随之，我可向对方两足间上左步，屈左肘，横臂撞击之，敌必仰跌，即为"正入"。又如：如果对方抓住我右腕向外拧之，我会十分被动。无妨，只要在对方身体右侧扣左足，向右拧腰转体上右步，伸右臂、右手，就可化险为夷了，名曰"行步撩衣"，即"斜出"。随之，我可向对方两足间插右足，出右掌切打对方头颈，则为"正入"。

"斜出正入"就是"避正就斜"，是避开敌人最有实力的正面进攻，而攻其最空虚的侧面。实质就是"避实就虚"，是八卦掌法中最为实用、最为巧妙的进攻手法，更是八卦掌法独具风格的打法，仔细探索之，其乐无穷。

一星管二，避正就斜

【按语】

在八卦掌法中，以身而言，把身前称为"里门"，身侧称为"外门"。以手臂而言，手臂内侧则称"里手"，手臂外侧则称"外手"。以两腿而言，两足之间则称"里门"或"中门"，足外侧则称"外门"。身前也称"正"，身侧则称"斜"。所以，"避正就斜"就是避开敌人正面进攻，而攻其身侧或身后也。

何谓"一星管二"？用一只手管住对方两只手，或用一只手管住对方一只手，而对方的另一只手打不过来，叫作"一星管二"。"斜出正入"时常能"一星管二"。这种手法十分巧妙，它能使对方的先发手法落空，失去主动。我则可后发先至，一个"正入"就可把敌人打倒。要想做到"一星管二"就必须从"外门"或"外手"入手，方可成功。

四、刚柔相济

八卦掌法变化多端，有什么掌法就有什么劲力，例如有带掌就有带力，有掖掌就有掖力……八卦掌赢人凭的是掌法，但掌上无力何以制胜？有人说"用意不用力，相隔数尺，都能把人打倒"，岂非神话乎？所以八卦掌最讲究力，这个力是"刚""柔""化"。

八卦掌的"刚"不是笨力气，不是能举多么重，能搬多少斤，也不是多么坚硬，打在人的身上青一块，紫一块，骨断筋折。八卦掌的"刚"要"暗刚"，要"绵里藏针"，内含一种无坚不摧的内劲，意念一动，气沉丹田，内力爆发。八卦掌的"柔"要像柳条似的，随风摇摆而不折，柔中有韧，又像橡胶似的柔中富含弹力，交手时可缠可随……何谓化劲？化劲不是无力，而是肌肉放松，关节放松，身如圆球，腰如轴立，双臂一出，时而螺旋，时而缠丝，会借对方之力，会根据对方来手的刚柔、力的大小、攻击方向、出手角度、出手快慢等，可顺之、随之、引之、领之……使敌人刚猛之力化为乌有，使敌人无从着力，使敌人劲力落空，使敌人倾倒或仰翻……输赢立判了。有了这样的"刚""柔""化"，就会达到要刚则刚，要柔则柔，要化则化；刚中寓柔，柔中寓化，化中寓刚，刚柔相济。交手时，无往不利也。

八卦掌发力方法有多种：一曰"发"，只要意念向前，伸长手臂，则可发人丈外而不伤。二曰"打"，只发自然之力，伤皮而不伤肉。三曰"伤"，如遇敌人，前足踩，后足蹬，力行于腿，提肛溜臀；力行于腰，含胸拔背；力行于肩，沉肩坠肘；力达于手，"哼"的一声，丹田力发，又疾又重的浑身内力爆发，如中电击，如受重锤，穿透其体，而伤其内，名曰"爆炸劲"。这种劲力不可轻用，慎之，慎之！

八卦掌法更讲究"掌在何处就在何处打"！无须蓄力，更不许抽回手再打出。只要机会到来，只要得机、得势、得力就可立即打之，因为机遇稍纵即逝。力矩最短，等于速度最快。这种力矩最短、速度最快、内力最为浑厚的打法，也叫"寸劲"。这种方式发劲时必须沉肩坠肘、气沉丹田，力量才深厚。忘记了"沉肩坠肘"，忘记了"气沉丹田"，就毫无作用了。所以练功时必须时时刻刻"沉肩坠肘""气沉丹田"，功夫纯熟后才能得心应手。

【按语】

杨露禅、董海川二位宗师，曾在北京比武。很多练太极拳的人说："董海川输给了杨露禅。"很多练八卦掌的人说："杨露禅输给了董海川。"其实二人一搭手，未曾进招，就已知深浅，哪能再分胜负。后来二人成了要好的朋友。因为杨露禅的功夫已能听劲、懂劲而阶神明，董海川的功夫更是已达随心所欲的化境。显见功夫能够赢人！如果杨露禅输了，今天的太极拳还能走向世界吗？如果董海川输了，今天怎还能有八卦掌这一武林奇葩？

将敌擒倒或仰翻，化劲也

五、叶底藏花

有人说："八卦掌法讲究'避正就斜'，没有正面进攻。"大谬也。

任何拳术都有正面进攻。正面进攻就是最直接、最简捷、最有效的进攻方法，八卦掌也不例外。刘德宽先生所编的"八八六十四手"中的第一手是"穿袖挑打"，就是正面进攻。李文彪先生一个塌掌无人能敌，也是正面进攻，显见正面进攻的重要意义。

正面进攻的掌法太多太多，不胜枚举。但必须做到：一掌前伸，一掌肘下藏，一掌既出后掌必跟随。前伸之掌主进攻，肘下藏之掌主防守，仿佛前掌是先锋，要冲锋陷阵。后掌是卫队，保卫人本营。后掌又是一支伏兵，随时待命出击，出其不意地去打击敌人。这种肘下藏，美其名曰"叶底藏花"。

这是一朵带刺的玫瑰花，随时可以刺伤敌人。这种"叶底藏花"是最好的攻守兼备之法，故练习八卦掌的人都时时运用之。

八卦掌出手时，双臂不许伸直，伸直则无力，会为敌人所乘，所以要时时"沉肩坠肘"，有了"沉肩坠肘"，双臂就不会直了，而且有力。不仅如此，还要同时保持着双臂的"滚钻争裹"，这样才会产生螺旋力，要刚则刚，要柔则柔，要化则化，从而达到能出手成招，克敌制胜的绝妙佳境。

"叶底藏花"时要时时准备前掌后掌的交换。前掌是先锋，后掌是伏兵。突然前掌变伏兵，后掌变先锋。每当伏兵一出，就如天兵突降，神奇威武，降魔除妖。

为了掌法更为快速莫测和神奇，更要做到"出手不空回"和"出手不轻回"。轻回则失战机，为敌所乘。要"见缝就钻"，如"曲水渍沙，无隙而不入"。这是一种十分奥妙的进攻方法，能使敌人手忙脚乱，难以招架，一败涂地。我却可以左右逢源，随心所欲。

当然，任何进攻都必须有步的配合，有肩、肘、腕、胯、膝、腰身和劲力的配合，而且必须做到"手脚齐到方为真"，即意、气、力、身、手、足的六合归一，方能一战成功。

【按语】

任何拳术都讲究"快打慢，近打远，有力打无力"，八卦掌也不例外。"叶底藏花"之法，充分体现了这一特点。它不仅使攻防手法更快、更近、更有力，而且更巧、更奥妙。八卦掌法讲究"得机、得势、得力立即就打"，讲究"出手不轻回，见缝就钻"，能不快乎？能不近乎？故而交手时要时时"叶底藏花"。我们每天一掌前伸、

9

一掌肘下藏地转掌练功，练的时间越长越好，功夫越深越好，就是为此。董海川先师的弟子刘凤春先生一个单换掌（一掌前伸，一掌肘下藏）转了三年，功成之后，打遍天下无敌手。

一掌前伸，一掌肘下藏，前掌后掌紧相随

六、不挡不架

任何拳术都有防守，八卦掌的防守是"不挡不架"。这与它的功法真谛有关。八卦掌讲究"转掌如拧绳"。转掌时头要拧、腰要拧、手臂要拧。两臂的"滚钻争裹"，即内旋或外旋的拧动，会产生螺旋力。八卦掌凭借着这种螺旋力就可"不挡不架"，因为犯了挡架，敌人就会连续打进三下，难以防范了。

（一）手臂防

手臂防的掌法很多，如推、托、带、领、缠、按、立、穿等。立、穿使用最多，使用时要用"外手"，更必须凭借手臂内旋或外旋的拧动所产生的螺旋力。例如：敌人凶狠地向我面部砸下，我只要右臂屈肘，在面前向上一立掌，就可化险为夷了，如敌人起腿向我腹部踢来，我也可以单掌向下一插，就能封住门户，随之可抓、可抄其腿，将其掀翻在地。这一"立"一"插"时，手臂一定要拧动，产生螺旋力使敌人力量落空，所以不需要挡架，名曰"上下立桩"，即"指天插地"也。

（二）肩肘防

肩肘防时主要用肘。轮到肩防时就非常被动了，因而不可轻易给敌人机会偷越肘的防线而到肩。肘防之法很多，如掩肘、扬肘、沉肘、缠肘、开肘、合肘、抬肘、滚肘等。它们更需要手臂拧动所产生的螺旋力。肘防时可单肘防，也可双肘防。肘防非常实用、灵活多变、速度奇快。

例如：敌人用双拳向我胸部撞打，我无须硬砸硬架，只要双臂外旋拧动，当拧成掌心向上时，利用滚动之力屈肘下沉，则可化险为夷，随之，利用下沉之反作用力，双掌掌心向前，向敌人胸部撞打，定能成功。

（三）腰身防

腰身不会产生螺旋力，但可左右拧动，这就是"腰如轴立"。假如敌人用双手把我双手按在胸前不得移动，即将被摞倒在地时，我可向右拧腰，双臂随之，敌人之力必然落空，随之，我双脚踩地，沉肩坠肘，气沉丹田，向前伸掌撞打，敌必被撞翻在地，此乃攻防兼顾之法也。

（四）走中防

假如敌人已到了我的身后，我决不可转身去防守，可运用"回身掌"，走出一步、两步再回身打击之。这里的"走"就是防守，也是进攻。其实前文"以走为用"所讲的"走中打"，也是"走中防"，可谓攻防一体也。

连环劈打势如破竹，一打到底

【按语】

八卦掌的防守能做到"不挡不架"攻防兼顾，已经很不错了。如果能够达"攻防一体"，即"攻防一步到位"，可以说很高妙了。"攻防一步到位"就是只用一个手法同时完成防守和进攻，可谓真正的"一招制敌"。这样的手法实在奥妙无穷。在八卦掌法中除了"走中打"，还有很多，如果能熟练掌握这些手法，八卦掌功夫就会更上一层楼，不难登堂入室。

七、步眼赢人

拳歌曰："八卦掌，走为先，收即放，去即还，变换虚实步中参。""二人相战腕中求，动手取胜步法分。""手法步法紧相随""手快不如半步跟"。这些都说明交手时步法的重要性。交手时，手到脚不到、脚到手不到都不行，必须"手脚齐到方为真"。交手时，"足进一寸，等于手进三尺"，所以说，足比手更加重要，这就是老前辈们经常强调的八卦掌法讲究"步眼赢人"。

八卦掌法中步法很多，有弓步、马步、进步、退步、跟步、扣步、摆步、闪步、虚步、插步、独立步、半仆步、行步等。下面仅介绍几个最常用的步法。

（一）行步

练习八卦掌离不开走圈。八卦掌走圈讲究上、中、下三盘配合，要十趾抓地，步如蹚泥，练的是腿部力量和蹚劲。在此基础上练习上盘则不轻飘。上盘姿势较高，有如行人走路，故名"行步"。"行步"要身捷步灵、走转自如，它是"走中打"必用之步，即"以走为用"。

（二）弓步、马步、仆步

八卦掌法中很少用真正的弓步和马步，非要用时多是不弓不马，半弓半马，有如骑在马上之人的双腿夹马姿势，故称"半马步"。用仆步时要求扑出之腿，膝部微屈，故名"半仆步"。这样的"半马步""半仆步"，才能动转灵活、伸缩自如，如果十趾抓地，更易发力。

（三）进步、退步、跟步

八卦掌法最常用的是进步、退步和跟步，要求两腿都要弯曲，十趾抓地。前足踩，后足蹬，形似夹剪，重心前四后六，故名"四六步"，与形意拳的三体式步相似。进步时要先进前步，退步时要先退后步，不许撅臀，更不许后腿蹬直，否则会影响进步、进身的自如和发力。前进时如需后腿紧跟半步则名"跟步"。

进步用途最广。二人对峙，前腿直插对方两腿之间叫"进中门"，即"进里门"，在对方前腿外侧插进叫"进外门"，在对方身后两腿间插进也叫"进中门"。"进中门""进外门"时都可用"跟步"，如敌人踢腿后的落足之际，必须用"前腿后腿紧跟相随"的跟步而进。有时还可继续跟进、再跟进、再跟进，一跟到底，勇往直前，非把对方撞倒不可。跟步用途最多、最广，应多操练之。

老前辈们说："足进一寸，等于手进三尺。"所以进步时能够多进一寸就不少进一分，要直插敌人的后足之处，仿佛挖树掘根似的。这时前足踩、后足蹬，使出蹬劲，就如铁犁耕地，又如坦克冲上土墙，一下子把敌人掀翻在地。

（四）扣步、摆步

"扣步"走直线，在走动中，只要足尖向里一扣就成了"扣步"。"摆步"走弧线，不走弧线摆不进去。"扣步""摆步"的作用有三：一是转身时用，扣摆步的角度就是人体转身的角度，在"走中打"时，时时离不开"摆步"和"扣步"；二是"别"对方腿用，使其难以挪移，为我所制，"避正就斜"时必用；三是当作腿法用，因摆、扣步是跤法中绊子的变形。

总之，双方交手时，要随机就势，当摆则摆，当扣则扣，当进则进，当跟则跟，当走则走……不能有丝毫迟疑，对方瞬息即变，我更应随机应变，要利用时间差，进步、进身打击敌人。所以，动步时要快捷，要灵敏，讲角度，讲分寸，仿佛步子长着眼睛，具有灵魂，故步法也称"步眼"。八卦掌法时时要以"步眼赢人"。

【按语】

"步眼"重要，但必须"手法步法紧相随""手脚齐到方为真"，要"眼到手到腰腿到，心真神真力又真，三真四到合一处，防已有余能制人"。所以只有当你做到手到、步到、力也到时，才能取得胜利。以上只是介绍了几个主要步法，其实，用"插步"也可"避正就斜"，"闪步"更可以。另外还要掌握各种步眼的交换和变化，这样才能做到名副其实的"步眼赢人"。

手到步到力也到，手脚齐到方为真

八、明腿暗腿

有人说："八卦掌无腿。"这是错误的。八卦掌不但有腿法，而且五花八门。这是因为许多老前辈都是带艺投师，自然把他们原来所学腿法带了进来，经过融合，成了八卦掌的腿法。何来"八卦掌无腿"之说呢？是因为老前辈们年龄大了，懒得用腿，又因八卦掌有"走中打"，又都功夫深厚，一出手就把对方打倒，何需用腿呢？

八卦掌腿法虽多，主要的还是外摆腿、里合腿、前后蹬腿、踹腿、截腿、屈腿等。

八卦掌的腿法特点主要有三个：一是有明腿，更多用暗腿，即在掌法掩护配合下贴身暗踢，让对方只见掌法不见腿法，防不胜防。二是踢腿时，不轻易把腿伸直，蹬直虽然有力，但笨拙不灵便，容易被对方抄住、抱住而受控制。如果对方手上有功夫，向腿上一砍一截，岂不受伤或骨折？屈膝则灵敏，快捷而不僵滞，落地转身更为轻灵和自如，想踢就踢，想收就收，想变就变，想落地就落地……无不随心所欲。三是八卦掌的腿法可单腿使用，也可几种腿法连续变换使用。例如：先用摆腿，接着用截腿，再转身侧蹬腿，不胜枚举。

八卦掌还有许多别具风格的腿法，如点腿、卧牛腿、扣腿、摆腿等。

点腿：松胯屈膝，用足尖向对方点击，曰"点腿"。看似足尖没有力量，殊不知，因其松胯溜臀，就像沉肩坠肘力量到手一般，全部力量都送到了足尖，点在胸口必受内伤。

起腿总是半边空，贴身暗踢显神通

卧牛腿：八卦掌的后蹬腿。使用此腿法时要有转身，要背对敌人。敌人误认为我转身走去，我突然俯身向身后蹬腿，力在足跟，敌人难以防范，必被蹬中。

扣腿和摆腿：跤法中绊子的变形，要先"别"后用。例如：在"避正就斜"时，我左足已经"别"在敌人右足之后，不用掌打之，可屈膝下跪，跪在敌人小腿部，敌人小腿必折了。又如：我的右足已经摆在敌人右足后，突然屈膝回提，就能把敌人勾倒，如未倒，可进步出掌打击之。

虽然说"脚打七分手打三"，但"起腿总是半边空"。所以用腿时必须做到四快：起腿快、发力快、抽腿快、变化快。这就需要很好的腰腿功夫，没有很好的腰腿功夫，就不要轻易起腿。

【按语】

老前辈说："八卦掌有十二腿，腿法又分上中下三盘，就是二十六腿了，腿分左右，故有七十二截腿之说。"其实这只是一种说法，有谁能用七十二截腿呢？

九、阴阳之道

《周易》云："易有太极，是生两仪，两仪生四象，四象生八卦。"我认为，手脚一动就阴阳生矣。阴阳一生，就时时刻刻离不开"阴阳之道"了。

八卦掌法中的攻防、进退、起落、纵横、开合、疾徐、摆扣、动静、上下、刚柔、虚实、斜正等，无不含阴阳也。

攻防：攻中寓防，防中寓攻，攻防兼顾，此谓攻防。

进退：进中有退，退中有进，进退随心，此谓进退。

起落：起中寓落，落中寓起，起落随心，此谓起落。

纵横：纵能破横，横能破纵，纵横互用，此谓纵横。

开合：开中寓合，合中寓开，随机随势，此谓开合。

疾徐：疾中寓徐，徐中寓疾，疾中求徐，此谓疾徐。

摆扣：扣中寓摆，摆中寓扣，扣摆随心，此谓摆扣。

动静：动中有静，静中有动，若言其静，未窥其机，若言其动，未见其迹，动静随心，此谓动静。

上下：招有上下，更有左右，忽上忽下，忽左忽右，指上打下，指左打右，随心所欲，变化莫测，此谓上下或左右。

刚柔：刚中寓柔，柔中寓刚，过刚易折，过柔易瘘，当刚则刚，当柔则柔，刚柔相济，此谓刚柔。

虚实：足有虚实，掌有虚实，招有虚实，劲有虚实，一处有一处之虚实，处处

左右兼顾，内外兼修，阴阳也

皆有此虚实，虚中有实，实中有虚，当虚则虚，当实则实，虚实莫测，变化得宜，此谓虚实。

　　斜正：斜出正入，正入斜出，先斜后正，先正后斜，正中有斜，斜中有正，斜中有斜，正中有正，当斜则斜，当正则正，随机应变，斜正随心，此谓斜正。

　　此外，头有前领后顶，左拧右拧；肩有前撞后撞，左右横冲；肘有上提横掩，左右互用；腕有屈勾前顶，左右横行；腰有坐塌圆活，左右拧动；膝有上提下跪，左右横冲；足有疾徐走停，摆扣虚实，等等。纵观八卦掌的练功，技击交手皆含阴阳之理。阴阳相生，阴阳互易，实乃八卦掌之真谛也。

　　《周易》云："日月相推而日月生焉""寒暑相推而岁生焉""刚柔相济，变在其中矣""一阴一阳谓之道"。八卦掌法处处皆含阴阳之道。懂得阴阳相生、阴阳互易的道理，则可变化万端，神奇莫测，八卦掌法尽在其中了。

【按语】

　　阴阳之道，实为八卦掌法的内涵。但它又非八卦掌一家的专利。太极拳、形意拳……哪种拳不讲"阴阳之道"呢？我不反对八卦掌与八卦挂钩，只反对那种牵强附会、生搬硬套、故弄玄虚、毫无实际意义的做法。如有人真的能够把八卦与八卦掌的内在联系说清楚，真正符合实际地结合在一起，令人信服，我之所盼也！！！我将无比信服。

十、放胆成功

　　常言道："文能治国，武能安邦。"过去，练得一身好武艺，可以上阵杀敌，保家卫国，光宗耀祖，当英雄。现在是科学化、信息化的卫星、导弹时代，武术已经派不上用场。但特警部队还在练，因为他们要对付恐怖分子。现在，社会上还有坏人，当坏人杀人抢劫时，你能不挺身而出、见义勇为吗？万一不幸自己遇上了坏人，他手持尖刀要伤害你时，你能不正当防卫吗？所以，学点自卫防身之术还是必要的。

　　要见义勇为，要自卫防身，就要有一身好功夫。有的人功夫很好，但没胆量，不敢出手，出手就会败下阵来；有的人功夫较差，但有胆量，敢拼命，有时也能取得胜利。如果有功夫又有胆量，岂不最好！

　　有的人，天生胆大，好动手爱打架，经常闯祸，实不可取，有的人生来胆小，经常受欺侮，怎么办？可以培养和锻炼。培养自己敢于战斗、敢于胜利的精神。平时不惹事，但也不怕事，事到临头害怕也没用，敢于面对。要锻炼，如何锻炼呢？要练功，练功时可以与几位好友切磋，切磋技艺，锻炼胆识，提高技术。有了功夫胆就大了，这就叫"艺高人胆大"，这就是"功夫能壮怂人胆"。

　　老前辈说："武不善动。"二人动手，不是伤和气就是伤友谊，不是伤人家就是伤自己。所以，练武者不要为争风头、闹意气，轻易动手而身败名裂。练武之人要修心修德，不要半瓶醋，偏要晃荡，动不动找人动手、偷袭暗算、狂妄自大，让人看不起；要有修养，要自爱，要真人不露相。遇上坏人时，要见义勇为，自卫防身，这才是侠义英雄。

【按语】

　　真正有功夫的人，功夫越深越不敢动手，因为他知道深浅："武不善动"啊！真正有修养的人，不屑动手，追求的是益寿延年、陶冶情操、以娱身心，有侠义思想的人，决不欺侮弱小和善良，遇见不平能挺身而出，见义勇为。北京市有位老武术家杨禹廷先生，活到 94 岁，太极拳的功夫已达炉火纯青，但一辈子没跟外人动过手，没跟任何人红过脸，受到北京武术界的无比崇敬和赞扬："好人品""好功夫"。1982 年逝世，参加追悼会的有数百人，显见其人品之高尚！

艺高人胆大，放胆即成功

八卦掌实战攻防练习

指导弟子刘玉强

指导弟子邢殿和

第二章
六十四手对练

（动作演示：刘敬儒、杜成中）

六十四手对练

　　八卦掌的技击特点是"以掌为法，以走为用，斜出正入，脱身换影，刚柔相济，虚实相生，明腿暗腿，七拳互用，意为无帅，眼为先锋，六合归一，放胆成功"。掌握了这些技击特点，就是掌握了八卦掌的攻防原理。在这些原理的指导下，再认真练习，定能领悟、明晰和掌握八卦掌的攻防技术。

　　六十四手对练是八卦掌练习攻防手法的套路。因而编排时需要动作衔接，前后照应，有攻有防，不可能都是"一步到位"的手法，更不能使用爆炸力。它不是实战对打或交手较技，因而甲乙双方谁也不能把对方打倒或伤害，要互相照顾，相互喂招，练得姿势准确、动作熟练、得心应手为佳。

　　六十四手对练套路分八段，可以分段练习，也可以连续练习。每段的起势和收势都是"老僧托钵"。"钵"是僧人化缘时手中托的小盆，善人赏的钱物都要放在钵内，僧人托着钵就是在化缘。亮出"老僧托钵"就是亮出了八卦掌的门户，就是请对方出手进招。如果对方同时出此招，就会两手相搭，故又名"搭手"。此势是一手前伸，一手护后，进可攻，退可守。每当对方突然打来时，我可用"老僧托钵"防守，故又称"移花接木"。

　　六十四手对练虽然只是对练套路，但经过一丝不苟地练习，熟练其动作，领悟其内涵，掌握其要领，善于变化，灵活运用。年深月久，功夫上身，必能达到出手成招、随心所欲、变化无穷的绝妙境界。

一、动作名称

起势：老僧托钵

第一段

1. 穿袖挑打（甲）
2. 懒龙缩尾（乙）
3. 缠手掖撞（甲乙）
4. 高山流水（甲）
5. 依山挤靠（甲）
6. 拍胸扑肘（乙）
7. 凤凰夺窝（乙）
8. 狮子张口（甲乙）

第二段

1. 抽梁换柱（甲）
2. 鹞子穿林（乙甲乙）
3. 霸王请客（甲）
4. 野马撞槽（乙）
5. 顺水推舟（甲）
6. 金鸡撒膀（乙）
7. 宿鸟投林（乙）
8. 大鹏展翅（甲乙）

第三段

1. 迎风摆莲（甲）
2. 怀中抱月（乙）
3. 白蛇伏草（甲）
4. 黑熊昂首（乙）
5. 走马回头（甲）
6. 饿虎扑食（乙）
7. 风轮劈掌（甲）
8. 青龙出水（乙甲）

第四段

1. 霸王捆手（甲）
2. 行步撩衣（乙）
3. 金丝抹眉（甲）
4. 一鹤冲天（乙）
5. 两鬓插花（甲）
6. 雄鹰亮翅（乙）
7. 恶虎扒心（乙）
8. 天马行空（甲乙）

第五段

1. 风摆荷叶（甲）
2. 迎风挥扇（乙）
3. 猿猴坠枝（甲）
4. 海底纫针（乙）
5. 老牛耕地（乙）
6. 瞻前顾后（甲乙）
7. 猛虎坐窝（乙）
8. 仙人泼米（乙甲）

第六段

1. 一马三箭（甲）
2. 天王打伞（乙）
3. 白猿献桃（甲）
4. 老僧闭门（乙）
5. 叶底藏花（甲）
6. 太公钓鱼（乙）
7. 哪吒探海（甲）
8. 闲鹤剔翎（乙甲）

第七段

1. 白蛇吐信（甲）
2. 紫燕抄水（甲）
3. 泰山压顶（乙）
4. 大蟒翻身（甲）
5. 翻江倒海（乙）
6. 横江断流（甲）
7. 苍龙卧枕（甲）
8. 舒臂摘星（乙甲）

第八段

1. 片旋两门（甲）
2. 灵蛇入洞（甲）
3. 缠肘掩心（乙）
4. 推窗望月（甲）
5. 脑后摘盔（乙）
6. 移花接木（甲）
7. 双峰贯耳（乙）
8. 黑虎掏心（甲）

收势：老僧托钵

二、动作图解

起势：老僧托钵

甲乙二人相对站立，坐身屈膝，出右足成重心前四后六的四六步。同时双方伸出右手，掌心向上，掌指向前，腕部相搭，左手沉于右肘之下，以助前臂之力，右掌高与眉齐，二目向前平视对方。（图 2–1）

老僧托着钵是为了化缘，请施主们施舍，此掌之意是请对方进手。

图 2-1

第一段

1. 穿袖挑打（甲）

甲方左手贴乙方右臂之下，经乙方右臂内侧向上穿起，把乙方右臂挑起，同时右臂内旋，右掌掌心向前推，进右足，向乙方中门踏进，目视前方之人。（图2-2）

【要点】

左手上穿，要穿其中节，非梢节，它和上右足、右手前打，同时完成，要一气呵成。右手打出时有向前和向下之力，亦名"塌掌"。左手穿出时要紧紧贴着右臂外旋拧动，自能把对方手臂挑起，穿出时仿佛穿衣时穿袖子，而上挑的同时打击对方，故名曰"穿袖挑打"。

2. 懒龙缩尾（乙）

当对方将要打到胸膛时，迅速含胸撤右步，足尖点地，成虚步。同时右臂屈臂、屈腕，右手屈指变勾手，向下勾搂对方右手以破其来势，左手自然沉于右臂之下，或按在对方腕部，以防对方偷袭，目视前方之人。（图2-3）

【要点】

手臂弯曲要突然，用柔化之劲勾住对方之手，使其不得挣脱，此乃以逸待劳的吸化之法。手有缩回之意，故美其名曰"懒龙缩尾"。

图2-2　　　　　　　　　　　　图2-3

3. 缠手掖撞（甲乙）

甲方向乙方身右上右足，随之提起右足成足尖点地的虚步。同时，右掌外旋向上翻腕，用小指外沿缠压对方腕部，左掌按于对方肘部，以防对方乘隙顶肘。随之，将提起之右足向乙方两足之间或右足后上步，左足跟进成四六步。同时双掌掌心和小指外沿用力撞打对方胸腹，目视对方。（图2-4、图2-5）

【要点】

甲方屈臂、屈腕、屈指向上翻转手臂，有缠绕之力，名"缠手"。向前撞打时要掖进切撞，故名"缠手掖撞"，此乃避正就斜之打法，充分体现了八卦掌之技击特点。随之，乙方可向甲方身右上步，用同样的"缠手掖撞"打击甲方。

图 2-4

图 2-5

4. 高山流水（甲）

甲方向乙方身右上左足成扣步，随之，双臂外旋，当翻成双掌掌心向上时，向右拧身上右步，双臂随右足方向伸出，伸出时右掌掌背要紧贴乙方之臂，有粘连之力，即能领走对方撞来之掌，使其劲力落空，目视双手方向。（图2-6）

【要点】

甲方扣左足出右足，拧腰，伸臂，使对方撞打之手落空，是引彼落空之法。仿佛高山之水顺流而下，一泻千里，故名"高山流水"，亦名"顺水行舟"。

5. 依山挤靠（甲）

甲方不等乙方有所举动，立即向乙方右腿之后上右足，别住对方右腿，使其不得移动，同时左手抓住乙方右肘，向前贴身连挤带靠，并用右臂小指外沿和前臂向对方颈部和左胸切打，使其仰面跌倒。目视对方。（图2-7）

>>>

【要点】

甲方上步别住了乙方右腿，同时又抓住了乙方右臂使其不得挣脱，甲方通过贴身切打和挤靠，借力打力，使乙方无法抗拒，故名"依山挤靠"。

图 2-6　　　　　　　　　　　　图 2-7

6. 拍胸扑肘（乙）

乙方即将仰倒时，既不能撤步也不能抽身，否则将会被撞得更加厉害，后果不堪设想，只有突然向前弯腰俯身，右臂屈肘向对方胸部全力扑撞，方可挽回败势，破其"依山挤靠"，还能把对方扑倒在地。（图 2-8）

【要点】

此式是用肘部扑打对方胸部，非常迅猛，势如破竹，故名"拍胸扑肘"。

7. 凤凰夺窝（乙）

如果甲方力量很大，强自挣扎未倒，乙方即用右肘尖向身体右侧顶出，则右肘尖必能顶在甲方右腋之下，其肋必折矣。（图 2-9）

【要点】

此式要紧接"拍胸扑肘"使用，一气呵成。力在肘尖，顶肘要迅猛，顶对方腋下，仿佛宿鸟见着鸟窝，抢着钻入。对方腋下如同鸟窝，故名"凤凰夺窝"。

8. 狮子张口（甲乙）

甲方急速用左掌把乙方肘推出，化险为夷，于是双方都成左掌上、右掌下的"狮子张口"式，面对面向右转走，伺机而攻，名曰"狮子张口"。（图 2-10）

【要点】

两手手心相对，成合抱之势，如狮子张开了嘴，故名"狮子张口"。

图2-8 　　　　　　　　图2-9 　　　　　　　　图2-10

第二段

1. 抽梁换柱（甲）

二人用"狮子张口"相互面对向右走圈时，甲方偷偷扣左足，突然右转身，上右步提左膝成独立步，同时，左掌掌心向前，掌指向上自右臂下向乙方胸部打出，右掌置于左臂之下。（图2-11）

【要点】

打时身子离乙方越近越好，转身出掌要突然，一气呵成。要出其不意地打击对方，此乃走中打、打中走也，充分显示八卦掌法的"走"之特点，打出之掌要紧贴右臂之下，两掌互换，故名"抽梁换柱"。

2. 鹞子穿林（乙甲乙）

乙方急忙向右撤右步闪身，右足足尖点地成虚步，同时，右掌拇指弯曲，四指并拢成牛舌掌，自左臂下向前穿出，以接甲掌，左掌自然置于右肘之下，二目前视。甲向左抽步闪身成右虚步右掌前穿，乙方又用同样动作闪身穿掌，名曰"三穿掌"。（图2-12）

【要点】

"三穿掌"要一气呵成，因穿来穿去，仿佛鹞子在密林中飞来飞去，故曰"鹞子穿林"，又名"玉女穿梭"，此式乃尹式八卦掌标志性动作。

3. 霸王请客（甲）

甲方向右拧腰，同时右手抓乙方右腕，左手抓乙方右肘，向身后下方捋拽，使乙方俯身跌倒，名"捋手"或"大捋"。二目注视双手动作。（图2-13）

【要点】

向体右拧腰、将拽要同时，一气呵成，将拽时要用冷劲、狠劲，丝毫不客气，故名"霸工请客"。

4. 野马撞槽（乙）

乙方乘甲方将拽之力上右步，同时右臂屈肘，用前臂向甲方胸前挤撞，左手按在右前臂内以助力，名"挤打"。二目前视。（图2-14）

图 2-11

图 2-12

图 2-13

图 2-14

【要点】

"挤"能破"捋","挤打"时要沉肩坠肘，横前臂，要有横冲直撞之力，撞挤对方胸膛，仿佛一匹难以驯服的野马，突然挣脱缰绳，不管不顾地向前冲撞一般，故名"野马撞槽"。既然"霸王请客"不客气，我也就不客气了，于是一撞而入。挤破捋，捋也可破挤，它们可以相互变换，这种变化乃绝妙好招也。

5. 顺水推舟（甲）

当乙方狠狠撞向甲方胸膛时，甲方如撤步、撤身躲避，乙方会继续进步挤撞，更得逞矣！因而甲方只要用左掌轻轻横推乙方之肘，乙方挤撞之力则全部落空。甲方二目注意左手动作。（图2-15）

【要点】

推出乙方之肘时不必太用力，这是"借力打力"之法，是借乙方之力而变化，省力而随意，所以名"顺水推舟"，仿佛顺水把船推出那样省力和自然。

6. 金鸡撒膀（乙）

乙方也借用甲方推来之力而变化。当甲方"顺水推舟"时，乙方则顺力左转回身，名"顺势"。扣右足，左足提膝抬起成独立步。同时用左掌小指外沿向甲方腹部切打，右掌上抬，高于头部，目视对方。（图2-16）

【要点】

转身和下切要瞬间完成，此式之形状如同雄鸡独立时向下伸膀展翅，故名"金鸡撒膀"。

图2-15

图2-16

7. 宿鸟投林（乙）

接上式，甲方必立即出手下截乙方切掌，头部毫不设防，乙方一见，乘势落左足，右掌掌心向下，五指向前，向甲方面部急速戳打，名曰"探掌"。二目前视。（图2-17）

【要点】

鸟类，白天飞出林外，到处觅食。黄昏之后，急急忙忙飞回，急切投入林内回巢。乙方一见甲方头部是破绽，立即探掌取之，如晚归之鸟一下子钻入林中，是那样急切和快速，故名"宿鸟投林"。

8. 大鹏展翅（甲乙）

甲方立即上右步，同时右掌掌心向上，掌指向前，在乙右掌外侧，迎接乙方探来之掌，同时左掌伸于身左，配合乙掌动作，二目前视，名"大鹏展翅"。随之，乙方也变成"大鹏展翅"，二人同时向右面对面转走。（图2-18）

【要点】

此式完成时，左右两掌伸在身体两侧，自然展开，如鸟之展翅高飞，故名曰"大鹏展翅"。二人面对面走圈，以求寻隙进攻。

图 2-17

图 2-18

29

第三段

1. 迎风摆莲（甲）

甲方突然抓住乙方右腕，同时飞起右腿，屈膝，用足面向乙方右肋拍打，左手抓乙方右臂以助力，二目前视。（图2-19）

【要点】

起腿要快，力在足面。因起腿时有摆动动作，仿佛湖面之上，微风徐来，莲花迎风摆动，故名"迎风摆莲"。

2. 怀中抱月（乙）

乙方向甲方身后上左足成扣步，同时右掌变勾手，向下抠住甲方摆来之腿，使其腿法落空。随之，乙方上右足，向右拧体，双臂屈肘掌指相对，掌心向外，撞打甲方肩背。二目前视。（图2-20）

【要点】

此式"怀中抱月"是"避正就斜"的打法，是八卦掌中非常重要之手法。在日常生活中，双手掌心向内为抱，而八卦掌法则是两臂弯曲，向外撞打为抱，此乃传统之叫法，故沿袭之。

图2-19

图2-20

3. 白蛇伏草（甲）

甲方急忙左转回身扣右步，躲开撞来之掌；随之，再左转回身上左足，身体下俯成马步。同时，双掌掌心向外，向身体两侧打出，左掌打向乙方腹部。随之，不管乙方有无动作，甲方立即双掌抽回向上翻起，掌指向上，用掌背劈打对方之头面。目视乙方。（图2-21、图2-22）

【要点】

扣右足再上左足，左转回身360°，动作要急速，一气呵成。仆步时要俯身，仿佛逃窜之白蛇钻入草丛贴地伏下，故名"白蛇伏草"。

图2-21

图2-22

4. 黑熊昂首（乙）

甲方"白蛇伏草"后又向乙方面部反背打来，气势汹汹，非常突然。乙方只得双臂外旋，当翻成双掌掌心向上时，小指外沿贴拢、半握拳，经面前向甲方之掌迎去，不仅化险为夷，还可同时上右步，双臂发力，把对方撞击在地。（图2-23）

【要点】

盘旋在空中的雄鹰，一冲而下，抓向黑熊双目，黑熊立即向面前出掌，不仅护目，而且意图抓住雄鹰，撕裂之。雄鹰又高高飞起，又一冲而下，黑熊又亮掌迎之，名曰"鹰熊斗志"。此式一出，必须昂首上视，其力巨大，可攻可守，故名"黑熊昂首"，是防御眼面之手法。

5. 走马回头（甲）

甲方一见乙方双掌撞来，有如排山倒海，其势难挡，只得回身走之。于是，向右拧身上右步、上左步又上右步，同时右臂向上抬置右额前，左手垂于身体左侧，向左拧头回视，警惕对方来手。（图2-24）

【要点】

八卦掌法"以走为用"，此走不是败走，而是内含杀机，随时寻隙打回，名曰"回身掌"，故名"走马回头"，仿佛一匹骏马在驰骋中突然回头，准备回返。

图 2-23

图 2-24

6. 饿虎扑食（乙）

乙方一见，误认为对方败走，有隙可乘，故急忙上右步，双掌掌心向前，向甲方左肩扑打（或后背撞打），二目前视。（图 2-25）

【要点】

因乙方误认为甲方败走，已是到嘴之食，故全力扑打之，就像一只饿虎似的，恨不得一下子把对方扑倒，故名"饿虎扑食"。

7. 风轮劈掌（甲）

甲方一见乙方扑来，乙方已经中计，故急忙左转回身，上左足成摆步，用左掌小指外沿向乙方之臂连劈带抓，随之迅速上右步，用右掌小指外沿向对方面部劈下。目视对方。（图 2-26）

【要点】

因两掌回劈时走的都是弧线，一掌随着一掌，毫无间歇，仿佛风车之轮连环转动，故名"风轮劈掌"。

8. 青龙出水（乙甲）

乙方急速撤左足，又撤右足，足尖点地成虚步，随之，速上右足，右臂外旋，当翻成掌心向上、掌指向前时向甲方之右臂穿出，以迎甲方劈来之臂，左掌置于右臂之下，以助其力。二目前视。（图 2-27）

【要点】

此掌在八卦掌法中很重要，名谓"穿掌"。用得最多，用处也最广，守中有攻，攻中有守，攻守兼备，十分主动。但因我先出手，故名曰"青龙出水"。甲方撤步也急忙用"青龙出水"之式，与乙方面对面向右走圈，伺机进攻。

图 2-25　　　　　　　　图 2-26　　　　　　　　图 2-27

第四段

1. 霸王捆手（甲）

甲方用右手抓住乙方右手，向乙方身后上左步，再上右步，拧得乙方右臂弯曲，贴在后背，不得移动。目视右手动作。（图 2-28）

【要点】

拧得乙方手臂、手腕越加弯曲，越加弯腰低头越好，丝毫不客气地硬把乙方手臂捆将起来，使其不得动转，故名"霸王捆手"。

2. 行步撩衣（乙）

乙方急忙向甲方右腿之后扣左足，顺着被拧动之劲力向右转身上右步，将被拧之右臂，向所上右步前上方直伸撩起，则乙方之捆手自然破解矣。左手按在甲方右肘部，使其不得用肘顶我。目视右手前方。（图 2-29）

【要点】

不管甲方用力多大，拧得多紧，捆得多死，只要顺其劲、顺其势、直伸己臂，则将甲方拿法破矣。此手是在上右步的同时从身前撩起，仿佛行走中撩起自己的衣襟似的，故名"行步撩衣"。

图 2-28   图 2-29

3. 金丝抹眉（甲）

甲方顺着乙方动作，自腋下出左手，抓住其左手顺势拽之，同时右手掌心向下手指弯曲，向乙方面部抹下，使其后仰跌倒。二目前视右手动作。（图 2-30）

【要点】

甲方也可弯曲右手中指、食指向乙方二目勾出。八卦掌的传统叫法是"金丝抹眉"，此式乃程式八卦掌法中惯用手法。

4. 一鹤冲天（乙）

乙方急忙向下蹲步缩身，同时左掌掌心向内、掌指向上，向头上极力快速伸出，伸得越高越好，右掌掌心向外，向甲方腹部击打击。二目前视。（图 2-31）

图 2-30   图 2-31

【要点】

此式动作称"缩身长手"。缩身和长手要同时，身子缩得越低越好，手臂伸得越高越好，是破"金丝抹眉"之绝妙好招。因向上之长手又高又突然，仿佛一只仙鹤，突然受惊，一冲而起，飞向蔚蓝的天空，故名"一鹤冲天"。

5. 两鬓插花（甲）

甲方迅速撤步，双掌掌心向下用力下扑，以破乙方向腹部打来之手，随之，在对方惊诧未能还击时，立即上右步，双掌向乙方面部迅速插击。二目前视。（图2-32）

【要点】

双掌掌指插向乙方面部、双睛或两鬓，美其名曰"两鬓插花"，仿佛给美女之双鬓各插上一朵红花，看似很美，实则"毒矣"。

6. 雄鹰亮翅（乙）

乙方急忙双掌掌心向卜，弯曲双肘，将腕部和臂部向面前扬起，必能破解甲方来手。二目前视。（图2-33）

【要点】

动作要快速敏捷，仿佛雄鹰将要展翅似的，故名"雄鹰亮翅"，此乃八卦掌法中的肘法，乃绝妙好招。

图2-32

图2-33

7. 恶虎扒心（乙）

不等对方反应过来，乙方立即把扬起之手变成掌心向下，自上而下扑击甲方胸部。二目前视。（图2-34）

【要点】

"雄鹰亮翅"与"恶虎扒心"要紧密衔接，一气呵成，在瞬息之间完成。扑下之掌有前扑更有下踏之力。狠狠扑来，势如饿虎扑食，故名"恶虎扒心"，也可不用此式，直插对方眼睛，则名"二龙取水"。

8. 天马行空（甲乙）

甲方只得撤步闪身，随之，向乙方身后上左步。同时左掌向右拨开"恶虎扒心"之手，双掌掌心向内，掌背向外，右手在前（外），左手在后（内），向甲方之肋扇打，向右走圈。二目注视乙方。（图2-35）

【要点】

此式是"避实就虚"之打法，也是"避正就斜"之打法，也是"走中有打"之法，仿佛一匹骏马，在茫茫草原上急驰，双掌意似双蹄，故名"天马行空"，任意自由驰骋之意。随之，乙方撤步撤身闪出，上右步也用"天马行空"与甲方面对面走圈，伺机进攻。

图2-34

图2-35

第五段

1. 风摆荷叶（甲）

甲乙二人用"天马行空"之式向右面对面走圈。突然，甲方扣左足用左手把乙方右臂按下。甲右腕自左向下、向右再向上缠绕，当绕成手背向乙方时，用右腕部打乙方左脸，乙方拦之，甲方又向下绕腕，用手背打乙方右脸，乙方又拦之，甲方则迅速绕转腕部，再打乙方左脸，此时左掌自然置于右肘之下。二目向前平视。（图2-36~图2-38）

【要点】

打左脸、打右脸、又打左脸，要一气呵成。第三打时更要突然快速，要出奇制胜，让乙方防不胜防。此式中的腕打，忽左忽右，仿佛荷叶在熏风中左右摆动，故美其名曰"风摆荷叶"。

图2-36　　　　　　　　图2-37　　　　　　　　图2-38

2. 迎风挥扇（乙）

当甲方第三次打来时，乙方已来不及躲闪，只好快速屈肘回手，用右手掌心向左拨打甲方之右臂，随之，右掌返回，用掌背向甲方面部打击。二目前视。（图2-39）

【要点】

拨、打快如闪电，一气呵成，仿佛手握蒲扇左右快速扇动，故名"迎风挥扇"。

3. 猿猴坠枝（甲）

甲方急忙出右手向上立起，以挡扇来之手，随之左手在前，右手在后，抓住乙方右臂向右拽之，同时，屈膝、提起右腿、足心向前、足尖向右，向乙方腹部或裆

部踹出。二目前视。（图2-40）

【要点】

此式仿佛淘气的猿猴，双手抓住大树的横杈，在空中荡来荡去玩耍，故名"猿猴坠枝"。

4.海底纫针（乙）

| 图2-39 | 图2-40 |

乙方急速蹲身，同时右臂掌心向内，掌指向下，在体前滚臂下插，插在甲方踹来之腿的外侧，则可破其来腿。如果甲方撤腿稍慢，则可弯曲五指，勾住对方之腿将其掀倒。二目前视。（图2-41）

【要点】

蹲身和下插要一气呵成。此式在太极拳中名"海底针"，在八卦掌中名"下立桩""插地"，是堵截阻挡的意思，专门破对方来腿或向我下身攻来之手。因下插之手要接触对方之腿，仿佛纫针似的，又因动作是向下插，一插到底，故名"海底纫针"。

5.老牛耕地（乙）

甲方只好向后抽腿落足，乙方立即坐身上右步，成重心前四后六的四六步，同时以下立之掌（虎口向前）向甲方裆部上撩，把甲方摞倒。二目前视。（图2-42）

【要点】

甲方抽腿，乙方上步撩掌，动作紧紧相随，形影不离。向上掀起时要用力，形似老牛拉着犁，把土地犁起似的，故名"老牛耕地"。

图 2-41

图 2-42

6. 瞻前顾后（甲）

①甲方一见，急忙伸左手，向右拧身的同时，将乙方撩来之掌向外拨开。随之向乙方身右上左步、再上右步，向右拧身，同时左掌掌心向外，拇指向下成横掌向乙方右肩打出，右手自然置于身后。此式是一掌在前、一掌在后，仿佛太极图中的一黑一白，两个鱼形，即一阴一阳，故又名"阴阳鱼"。（图 2-43）

②乙方急忙向左拧身，以躲避甲方击肩之掌，不料甲方也突然向左拧身回头，提起左膝，成右足独立步，同时左掌掌心向外，掌指向下，向身后的乙方腹部拍打，右手置于头部前方。目视身后。（图 2-44）

图 2-43

图 2-44

【要点】

此掌打前又打后，打身后以后又可忽然打身前，可前后互换彼此兼顾，即阴中有阳，阳中有阴，阴阳互济，故名"阴阳鱼"，又名"瞻前顾后"。

7. 猛虎坐窝（乙）

甲方向身后打得太突然了，乙方不得不向身后锉步坐身，同时双掌掌心向上，双掌向甲方来掌砸下，以破对方来式，二目注视双手动作。（图2-45）

【要点】

向后锉步坐身要快速、凶猛、突然，使对方感到震惊，故名"猛虎坐窝"，有惊人之威。

8. 仙人泼米（乙甲）

不等甲方有所动作，乙方可上右足或四六步将沉砸之双掌，掌心向前，掌指向下，向甲方腹部托打，二目前视。随之，甲方也用"仙人泼米"之式，双方面对面向右走圈，伺机进攻。（图2-46）

【要点】

打出之双掌是向前和向上的合力，仿佛用簸箕把大米泼出去似的，故名"仙人泼米"。

图2-45

图2-46

第六段

1. 一马三箭（甲）

甲乙二人都用"仙人泼米"式，向右面对面走圈，伺机进攻。突然甲方扣左足，用左手把乙方之手按下。随之，甲方向乙方上右步成四六步，同时右掌掌心向上，五指向前，成仰掌，向乙方面部穿出，随之，左掌掌心向上，五指向前成仰掌式，向乙方面部穿出，随之又用右掌穿出。连续三掌，名"程氏三穿掌"。（图2-47）

【要点】

右掌、左掌、右掌三掌连穿，毫无间隙，一气呵成，对方难以招架，故有"神仙怕三穿"之说。古时，骑马打仗，一将佯装败走，一将驰马急追，败走之将回过身来，嗖、嗖、嗖射来三箭，又突然、又快速，令人难以防范，故名"一马三箭"，形容三掌连穿，出奇而制胜。

2. 天王打伞（乙）

"一马三箭"虽然快速、凌厉，但乙方只要冷静沉着，屈右肘，掌心向内，五指向上，内旋拧动手臂，利用螺旋劲在面前向上一立（名"上立桩"），就可化险为夷，寻机攻击对方。此乃以逸待劳、防中有攻之法也。（图2-48）

【要点】

此式是"指天插地"掌式中的"指天"，亦名"上立桩"。顾名思义，只要把前臂在面前一立，就成了桩子，对方就攻不进来了。此式是一手上举，一手沉于肘下，仿佛举着一把雨伞。在各大寺庙中都有"天王殿"，四大天王中就有一位是举着雨伞的，故此式名曰"天王打伞"。

图2-47

图2-48

3. 白猿献桃（甲）

甲方不等乙方有所变化，立即扣步摆步左转回身360°，双手腕部贴拢，沉肩坠肘，掌心向上，向乙方面部或下巴托打，打出丹田力。转身时的扣摆步，越快捷越自如越好，要紧贴乙方前身，二目注视对方，名曰"磨身掌"。（图2-49）

【要点】

要有突如其来之感，要出敌人意料，要瞬息而变，开始时面对敌方，转身360°后仍然面对敌人，故八卦掌法中称为"脱身换影"，形容变化之神速。此式是双手上托对方头部，像托桃，故名"白猿献桃"。

4. 老僧闭门（乙）

因甲方的"脱身换影"来得太突然了，贴自己太近了，乙方只好利用第二道防线，屈右肘，用肘部在胸前向左一掩，闭住门户，则可化险为夷。（图2-50）

【要点】

用此式时，只要稍一掩肘即可。老僧要修行，不愿他人进来打扰，故把大门一闭，谁也不能进来，故名"老僧闭门"。老僧虽然年老无力，但尚能掩门，形容此式不需要太多用力，稍稍动肘则可。

图2-49　　　　　　　　　　　　图2-50

5. 叶底藏花（甲）

乙方掩肘时，必把右臂掩出，于是甲方从自己左臂之下偷偷伸出右手，抓住乙方前臂横拽之，同时左手掌心向下，用小指或掌根外沿向乙方面部削打。二目前视。（图2-51）

【要点】

因甲方右手是偷偷从左臂下或左腋下穿出来抓乙方手臂的，"腋"和"叶"谐音，故名"叶底藏花"。

6. 太公钓鱼（乙）

甲方向面部削打得太快了，乙方只得急忙上扬右臂迎接甲方削来之掌，扬臂时肘部要微屈上抬，似直非直，要沉肩，五指并拢成勾手，可随时插击对方，其时右掌已几乎插上对方之面部。二目前视。（图2-52）

【要点】

右臂上扬时要有急迫感，好像鱼已上钩，急忙把鱼钓起来，此乃肘法之一。《封神榜》一书中姜子牙在渭水河钓鱼，周文王访之，请其为宰相，兴师灭纣，子牙答应，于是周文王让子牙乘坐其辇，周文王亲自拉辇八百步，姜子牙保周室八百年。故有"姜太公钓鱼，愿者上钩"之说，因此式用法非常绝妙，故名"太公钓鱼"。

7. 哪吒探海（甲）

甲方急忙向乙方身体右侧上左步，同时向左闪身，用左手横推乙方"钓鱼"之臂，而右手却掌心向前，拇指向上，向乙方腹部或裆部进行掖打。二目注视左掌动作。（图2-53）

【要点】

此式是"避正就斜"的打法，也是"一星管二"之法。向左闪身时要缩身，掖打对方腹部或裆部，名"下取"。神话中有"哪吒闹海"之说，故此式名曰"哪吒探海"。

图2-51　　　　　　　　图2-52　　　　　　　　图2-53

8. 闲鹤剔翎（乙甲）

乙方急忙提右膝成左独立步，同时右掌小指外沿向下，向对方"探海"之手臂下切，必能截住对方来手。随之，向前舔掌心，掖打而出，成"黑熊探臂"式，乙方也出"黑熊探臂"式，二人向右面对面走圈，以伺进攻。（图2-54、图2-55）

【要点】

此式是独立式，仿佛独立之仙鹤，低下头来，悠闲地剔刷自己翎毛，故名"闲鹤剔翎"，显示此式的优美和灵动，也显示此式之轻松和悠闲。

图2-54   图2-55

第七段

1. 白蛇吐信（甲）

甲乙双方以"黑熊探臂"式向右面对面走圈，甲方突然扣左足向右转身，双手沉于腹前。随之，双手腕部贴拢，掌心向上，掌指向前，向乙方面部穿出，同时提起右腿，微屈膝上挺足面，用足尖向乙方胸部点击。二目前视。（图2-56）

【要点】

点出之足要藏在双掌之下，名"暗腿"。右足点出时要上挺足面，以便足尖向前点出，有前点之力。双掌也要上挺，以便掌心、手尖前点，此时力在足尖和掌指，仿佛蛇之吐信，轻灵又轻快，故名"白蛇吐信"。

2. 紫燕抄水（甲）

如乙方出手拦截，甲方则立即抽手抽腿，俯身向乙方双足之间插右足成半仆步，同时双手也随之插向对方足面。（图2-57）

图 2-56

图 2-57

【要点】

右手与右足的抽回、插下要快速，瞬息完成，向足面下插之双手可抓乙方之腿，将其掀倒，也可向乙方裆部撩起，故名"抄水"。因燕子身上的羽毛在阳光下闪烁出紫色的亮光，故美称"燕子"为"紫燕"，故此式名曰"紫燕抄水"。

3. 泰山压顶（乙）

乙方一见甲方俯身而下要抄足，于是急忙运浑身之力，双掌掌心向下，向甲方头部或背部猛力砸下，恨不得把对方砸得稀烂。二目下视。（图 2-58）

【要点】

乙方砸下时其力巨大，其势威猛，仿佛一座大山压向头部，势不可挡。因泰山为五岳之尊，最为雄伟壮阔，故此式美其名曰"泰山压顶"。

4. 大蟒翻身（甲）

甲方在乙方泰山压顶的千钧一发之际，只好向上仰面起身，用右手向上拦截乙方下砸之双掌，同时左掌掌心向上，掌指向前，自右臂下向乙方面部穿出，二目上视。（图 2-59）

【要点】

此式不仅拦截了下砸之手，并偷偷地穿出一掌，戳刺对方双眼、面部或咽喉，此乃险中有守、又防又打之招式。在"紫燕抄水"时是俯身，此时却是仰面，故名"翻身掌"，因左手向前戳刺时有毒蛇吐信之状，故此式名曰"大蟒翻身"。

图 2-58   图 2-59

5. 翻江倒海（乙）

乙方急忙抽身后撤一步，躲过甲方"吐信"之手，随之双掌掌心向上，腕部贴拢，把甲方插来之掌托起，同时左腿屈膝，右腿足尖朝上，搓地而起，足面朝前，向甲方裆部或腹部踢、蹬而出。二目前视。（图 2-60）

【要点】

踢、蹬出浑身之力，其势威猛，能把对方掀翻在地，仿佛其力能翻了江，搅了海，故名"翻江倒海"。

6. 横江断流（甲）

甲方急忙上左足成扣步，随之向右拧身，左掌下插。随着拧身动作，左臂也向右内旋拧动，向右横拦蹬来之腿，使其不能得逞。二目注视左臂动作。（图 2-61）

【要点】

乙方"翻江倒海"，闹得洪水肆流。甲方左臂向下一竖，将其拦截了，仿佛江河中筑一大坝，将水断截，故名"横江断流"，使其踢、蹬来之腿半途而废了。

7. 苍龙卧枕（甲）

乙方必然抽腿落足，甲方紧随其动作，在乙方右足之后，上左足成扣步，同时左臂外旋拧动，当拧成掌心向上时沉肩坠肘，向乙方胸前和左颈又沉又压，头向右拧，二目向左前方斜视，成卧枕之状。（图 2-62）

【要点】

龙为神物，岂能卧枕，只有老者神衰，才经常卧枕，"苍"者老也，故名"苍龙卧枕"。但因其是神龙，卧枕时也能打人。

8. 舒臂摘星（乙甲）

乙方上右步，右手掌心向上，屈肘，把甲方枕来之臂向左推出，同时上左步，掌心向下，用小指外沿向甲方颈部或面部削打，名"削掌"。二目注视甲方。随之，向右走圈，甲方也用右掌掌心向下伸在前面，成削掌式向右走圈，伺机进攻。（图2-63、图2-64）

【要点】

推对方手和削对方头部要一气呵成，手足要齐动，上下要相随，快似打闪、纫针一般，对方脑子还没反应过来，已被打中。此时，把对方头部视为星星，一伸手就摘取下来，故名"舒臂摘星"，犹如探囊取物般容易，乃绝妙好招也。

图2-60

图2-61

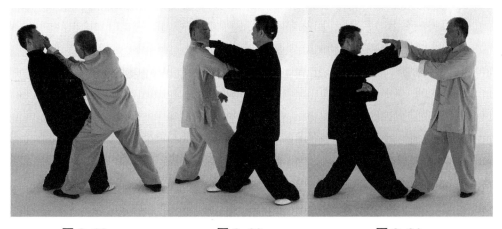

图2-62　　　　　　图2-63　　　　　　图2-64

第八段

1. 片旋两门（甲）

甲乙双方用"舒臂摘星"（削掌式）相对向右走圈，突然甲方扣左足，向右拧身，用左手扣压乙方手臂。随之，上右足成四六步。同时右臂屈肘，右掌掌心向上，以肘为轴，自左至后、至右、至前，呈弧线片绕一周，当片到掌指向前时，用小指外沿掌根，向乙方头部削打，随之又左回下翻，当翻成掌心向下时，用小指外沿掌根，再向乙方右颈削打。（图2-65、图2-66）

【要点】

以肘为轴，掌心向上，呈弧线片绕一周，名"片旋掌"，亦名"云手掌"或"云片掌"。在掌法中，有外门、里门、左门、右门之称谓，此掌打左又打右，左为左门，右为右门，故名"片旋两门"。

图2-65　　　　　　　　　　　图2-66

2. 灵蛇入洞（甲）

乙方必然上扬右手拦截甲方的"片旋两门"，于是甲方右臂随机内旋向里拧腕，屈肘，右掌五指并拢，从乙方右臂下向前钻出，直插乙方或胸、或肋、或腋。二目前视。（图2-67）

【要点】

此式要屈肘、屈腕、五指并拢，一边内旋拧转，一边自臂下向前钻出，手臂的拧转犹如毒蛇蠕动，又因从臂下"见缝就钻"，故名"灵蛇入洞"。

>>>

3. 缠肘掩心（乙）

乙方急忙回抽右足成虚步，同时含胸、屈臂，用右肘的肘尖向下，自里向外缠绕，把对方右臂拨出，随之上右步，掌心向前，向甲方胸部推打，二目前视。（图2-68）

【要点】

此式用肘尖的缠绕来防守，是"肘法之一"，名"缠肘"。缠肘时掩护了自己的胸部，故名"缠肘掩心"。

图 2-67

图 2-68

4. 推窗望月（甲）

甲方撤身撤步已经来不及了，只好用左手（掌心向外，拇指向上）把乙方肘部向外推出，则化险为夷矣。二目前视。（图2-69）

【要点】

此式是以逸待劳的防守方法，在八卦掌法中名"平手回合"。用此法时无须用大力，悠闲之中就破了对方来手，仿佛十分惬意地望着对方，心里说："看你怎样还手？"故名"推窗望月"。

5. 脑后摘盔（乙）

乙方顺着甲方推来的劲力和方向，左转身向身后扣右足，再左转身向甲方上左足，此时已转身360°，随着转身，右掌掌心向前，拇指朝下，自颈后向甲方胸部或头部推打，亦名"盖掌"。（图2-70）

【要点】

扣右足、上左足、左转回身360°，要一气呵成，越快越好，方能奏效。古时候将军打仗时要戴头盔，头盔的带子是系在头的后面的，故战后回营，向下摘盔时，要从脑后解带，故此式名曰"脑后摘盔"，又因此掌是从脑后漫头向前下方打下，故又名"盖掌"。

图 2-69　　　　　　　　　　　图 2-70

6. 移花接木（甲）

甲方破解乙方"盖掌"的方法很多，此处是上右足成四六步，出双掌，掌心向上，掌指向前，用力穿出（名"双穿掌"），沉肩坠肘，气沉丹田，双足抓地，迎接乙方盖来之掌，甚而把对方撞倒在地。如果没能把对方撞倒，甲方立即向回抽手，再下翻双手，翻成掌心向下、掌指向前时，用双掌的掌指向乙方的胸膛插刺。二目前视。（图 2-71）

【要点】

甲方双掌穿出迎接乙方来手，不仅双方手臂相接，而且要把掌力送到乙方身上，乙对方撞倒，或使乙方处于被动之地，仿佛把一花枝接在大树的树枝上，故名"移花接木"，就是"接手"的意思。

7. 双峰贯耳（乙）

乙方急忙双掌掌心向下，五指弯曲，把甲方插来之双掌抓下，随之，不等甲方有所反应，双掌向上翻起，利用双掌掌根部位向甲方双耳处或太阳穴猛击。二目前视。（图 2-72）

【要点】

此式要十分迅捷，双手下抓后会顺理成章向上翻打，如被打中，性命休矣，故名曰"双峰贯耳"。

图 2-71

图 2-72

8. 黑虎掏心（甲）

甲方双掌掌心朝内，掌指向上，在面前上穿（名"双立桩"），以破解对方之"双峰贯耳"。随之，双掌掌心向下朝着对方胸部打下。（图 2-73、图 2-74）

【要点】

双掌上穿，随之打下，要一气呵成，令乙方难以防范。下打时要沉肩坠肘，气沉丹田，其势无比凶猛，犹如猛虎，直扑胸膛，故名"黑虎掏心"。

图 2-73

图 2-74

收势：老僧托钵

双方各撤一步，右掌在前，左掌护在肘下，成"青龙探爪"式，面对面向右走圈，当走到起势之处，扣左足向右转身成"搭手"，即"老僧托钵"之式，与起势呼应，有始有终。随之，立正收式，气沉丹田，气定神闲。（图 2-75、图 2-76）

图 2-75

图 2-76

八卦掌实战攻防练习

指导弟子徐艳霞

指导弟子李胜利

八卦掌实战攻防练习

指导弟子代海强

指导澳大利亚弟子钱迈

>>>

第三章

八卦掌养生功

（动作演示：徐艳霞）

八卦趟泥步

八卦掌养生功

徐艳霞演示
八卦掌养生功套路

八卦掌是中国传统武学中的一颗璀璨明珠，在漫长的岁月长河中，经受住了历史的考验。无论是其攻防技击，还是其精妙功法，都得到了无数武术爱好者的青睐。除此之外，八卦掌在健身养生方面还有着独特的魅力。在现代生活中，人们的生活方式和节奏发生了显而易见的变化，八卦掌定将继续发挥其独特的养生健身作用。

一、八卦掌养生与健身

众所周知，中华五千年的文化中蕴含着深刻的哲学思想，其中的易、道、阴阳等概念是其核心要素。这些哲学思想涵盖了社会生活的方方面面，其中一个重要的内容就是中医学说，将宇宙循环运转的道理运用到人体发展的自然过程之中，总结出一整套的医学医疗理论。在传统武术之中，也从不缺乏深刻精妙的哲学道理，它是将宇宙发展变化的思想运用到人体自我修炼、身心综合素质提升的过程之中，追求天人合一的至高境界。对哲学的运用，对人体生命特征的共同关注，使得医学与武学之间形成了密不可分的联系。

八卦掌在养生健身方面的价值，历来受到众多武术家的关注，将这方面内容系统总结出来，对八卦掌医学价值的继承和发展大有裨益。在这里，我们主要从阴阳平衡、藏象气血、经络筋骨、精气神形、意念气力等五个方面加以论述。

（一）取法阴阳，身心平衡

阴阳学说是中国传统哲学的核心内容，阴阳主要代表相辅相成的两种实体，是自然界事物存在的根基。在后来的发展中，阴阳演变成万事万物的基本属性：向日的一方属阳，背日的一方属阴；男性属阳，女性属阴；人体的脏腑、气血等也分阴阳，譬如脏属阴，腑属阳，气属阳，血属阴；此外，方位的上下与内外、运动状态的动与静等也具有阴阳的性质。阴阳学说认为任何事物都包括阴阳两个相互对立的方面，对立的双方还具有相互统一的关系。《素问·阴阳应象大论》云："阴阳者，天地之道也，万物之纲纪，变化之父母，生杀之本始，神明之府也，治病必求于本。故积阳为天，积阴为地。阴静阳躁，阳生阴长，阳杀阴藏。阳化气，阴成形。"我国中医学蕴含着深刻的阴阳道理，以此阐释生命的起源和本质、人体的生理功能、病理变化、疾病诊断和防治的规律等。养生不可不察阴阳之和。阴阳平衡，身心安宁；阴阳失衡，疾病遂生。人体的阴阳平衡，是生命健康和发展的基本要素。传统武术中的阴阳观念完全符合中医学中的阴阳思想。从这个角度来说，传统武术具有极高的养生价值。通过武术的修炼，人们可以调整身体的阴阳状态，使之达到健康的平衡状态，不仅可以祛除疾病、修复官能，而且可以延缓衰老、延年益寿。

在八卦掌中，"阴阳"学说与拳理紧密相关。在基本功法训练和套路演练中，参照阴阳之理，会得到相得益彰的效果，不仅可以对拳法形成更深刻的理解，同时也会对阴阳道理体悟到更高层次。具体而言，在八卦掌拳理的技击攻防中，处处体现动与静、快与慢、攻与守、虚与实、逆与顺等阴阳辩证，思想要求"刚柔虚实、动静疾徐、起伏转折"。在八卦掌的功法习练中，强调阴阳相济、虚实转换。以八卦掌的起势为例，它要求：左脚开步，右脚在后，一左一右；同时，左掌穿出在前，右掌穿出在后，一前一后；两掌竖塌，两臂平圆，一上一下；扭腰转身，面向圆心，里阳外阴；趟泥步亦是在虚、实中变换重心。除此之外，无论是基础八掌、八大掌还是八卦游身连环掌，无处不体现"法于阴阳，和于术数"的哲学道理。八卦掌中的阴阳易理，是"以武演道"的典范，在参照中医学思想的情况下习练八卦掌，可以达到调整身体阴阳系统、平衡身心健康的目的。

（二）调理藏象，舒畅气血

中医学中的"藏象"思想，是我国传统医学中的一颗瑰宝。"藏"指藏于体内的内脏，"象"指表现于外的生理、病理现象。藏象包括各个内脏实体及其生理活动、病理征象。

按脏腑生理功能特点,可将其分为脏、腑及奇恒之腑三类。脏有五,即肝、心、脾、肺、肾,合称五脏。心包在经络学说中亦作为脏,合之共有六脏。腑有六,即胆、胃、小肠、大肠、膀胱、三焦,合称六腑。奇恒之腑是指在形态和生理功能上均有别于六腑的"腑",包括脑、髓、骨、脉、胆、女子胞,其中胆既为六腑之一,又属奇恒之腑。五脏与六腑在生理功能上各有其特点。五脏生理功能的共同特点是化生和贮藏精气。脏,古作"藏",有贮藏之义。六腑生理功能的共同特点是受盛和传化水谷。腑,古作"府",有库府之义。

八卦掌的功法动作对应于人体脏腑的生理功能,对于调节生命系统有着重要的作用。八卦掌以走为用,通过颠足擦地,能够震动、按摩整个身体脏腑,尤其是对肾脏功能的调理。我们知道,前脚掌是足部肾和肾上腺的反射区,而后脚跟是生殖腺的反射区;对涌泉穴的按摩,可以起到对肾脏功能系统的调节和保健作用。八卦掌中的指大插地,要求左右上下阴阳对称,一手单举指天,一手单垂插地,上下对拉,左右互补,在基本身体机构运动的基础上,锻炼抻筋拔骨的能力,这对于脾胃功能的增强有着重要作用,八段锦中讲的"调理脾胃须单举"正是这个道理。八卦掌中的扑胸拍肋,一手前推扑胸,一手下按拍肋,前后对撑,左右共用,以此锻炼胸腹的扩充收缩能力,达到对相应器官的调理,正应"左肝右肺如射雕"。八卦掌在身形中讲究转腰扭头,以此扩大腰胯、颈项的扭转幅度,增强其运动的灵活性,防止久坐、久视造成的腰椎、颈椎疲劳损伤,堪比"五劳七伤往后瞧"。八卦掌功法中较多出现的走马活携,要求腰身并用,转头转尾,符合"摇头摆尾去心火"。八卦掌的老树盘根,要求俯躯体,盘根坐地,双手紧贴双脚,正所谓"两手攀足固肾腰"。这些方面的特点可谓不胜枚举。以上是对八卦掌中一些常见动作在养生健身上应用的说明,除此之外,八卦掌中的其他动作也都蕴含着相似、相通的道理。脏腑强健关乎气血的充盈畅通、人体生理机制的合理运转,因而,八卦掌的功法修炼,是强身健体、益寿延年最有效的手段之一。

(三)贯通经络,抻筋拔骨

在传统中医思想系统中,经络学是一个重要的组成部分。经络是经脉和络脉的总称。"经"是经脉,犹如途径,是经络系统的主干,其特点是纵行分布,位置较深;"络"是络脉,犹如网络,是经脉的分支,其特点是纵横交错,遍布全身。《灵枢·脉度》说:"经脉为里,支而横者为络,络之别者为孙。"经络是人体运行气血、联络脏腑肢节、沟通上下内外的通道。经络学研究人体经络的生理功能、病理变化及其与脏腑的相互关系。经络系统主要包括十二经脉、奇经八脉、十五络脉,以及从十二经脉分出的十二经别。如通常大家比较熟悉的十二经脉,它的气血流注次序是:肺经→大肠经→胃经→脾经→心经→小肠经→膀胱经→肾经→心包经→三焦经→胆经→肝经,再回到肺经,周而复始,如环无端。

《灵枢·经脉》强调："经脉者，所以能决生死，处百病，调虚实，不可不通。"练习八卦掌的过程就是打通十二经脉和奇经八脉的过程。八卦掌是以掌法和走转为主的拳术，行功时，首先要气沉丹田。丹田是任督二脉的起源地。中医认为发为血梢，舌为肉梢，齿为骨梢，指为筋梢。要诀"舌抵上腭""提肛溜臀"的目的则在于"搭桥"，在上接通口唇内的带龈和承浆穴，在下连接会阴，如此打通任督二脉。同时，走转中周身舒展，一掌在前撑拔引领，一掌护后，气达掌指末梢，手掌、手指渐有发胀、发麻的蚁行之感，仿佛手指变粗、手掌变大，生出绵延劲力；而在行趟泥步的过程中，十趾抓地，足心、脚趾在走转中同样会发热，有充胀之感，且越走越轻灵。《灵枢·逆顺肥瘦》所载："手之三阴从藏走手，手之三阳从手走头，足之三阳从头走足，足之三阴从足走腹。"手足梢节作为经络的交会处，身体所感受的这些特殊现象都是气血无滞、经络畅通的体现。

八卦掌强调抻筋拔骨，古人云"筋长一寸，寿延十年"，对人体筋骨的锻炼，可以达到健身养生的目的。筋骨的锻炼主要是通过关节练习来达到，关节分布于人体各个部位。就上肢部而言，手为梢、肘为中、肩为根；就手而言，指为梢、掌心为中、掌根为根；就手指而言，指骨的远节指骨为梢、中节指骨为中、近节指骨为根。八卦掌的基本动作要领，要求虚领顶劲、含胸拔背、松腰松胯、屈膝下坐，十趾抓地，转掌中避免身体上下起伏，尽量做到"稳如坐轿"。八卦掌以掌为法，强调手指的钻转、手腕的伸转、肘部的旋转、肩部的翻转、腰部的拧转、丹田的运转。八卦掌以走为用，让身体充分的拧转，避正就斜，顺势顺劲，虚实莫测。这些动作分别将上、中、下三盘的关节充分展开，带动相应筋骨的拉伸，以此为基础，加上意念引导，使得人体的梢节、中节、根节可以相互牵引、节节贯穿，在走转中练得气贯四梢，通四肢百骸，从而使得气血顺畅、经络通畅，并达到攻防相兼、健身养生的目的，实现"导气令和，引体令柔"。由此可以看出，通过八卦掌转掌练习，实现各个肢体部分的拧转和拉伸，能够有效打通经络，维持身体脉络系统的正常运行。这对延年益寿、祛病养生无疑具有重要的医学价值。

（四）内外兼修，精气神形

传统中国医学理论对"精"这一概念有充分论述，将"精"分为广义和狭义两种。广义之精，泛指体内一切精微的物质，包括水谷之精、五脏六腑之精和肾精，统称为"精气"。由饮食物化生的精微物质，称为"水谷之精"；水谷之精输送到五脏六腑等组织器官，便称为"五脏六腑之精"；禀受于父母，归藏于肾中，充实于水谷的精微物质，称为"肾精"。狭义之精指肾精。中医认为，精是构成人体和维持人体生命活动的基本物质，如血、津、精、液、皮毛、筋、骨、肉等都属精的范畴。气是构成人体的基本物质，人的五脏、六腑、形体、官窍、血和津液等，皆有形而静之物，必须在气的推动下才能活动。神是人的精神、意识、思维、运动等一切生命活动的集中表现和主宰，而神的物质基础是精。精、气、神是人的三宝，精可化气，气可化精，精气生神，精气养神，而神则统驭精、气。三者中任何一个失调都会影响其他二者，只有当三者和谐稳定时，人才能保持健康和精力充沛。

八卦掌已形成一套完整的基本功训练和演练体系。内功以修炼精、气、神为主；外功包括拳术套路和功法的练习。"内练一口气，外练筋骨皮。"八卦掌注重人体精、气、神的修炼，讲求在实践中"炼精化气、炼气化神、炼神还虚"，以调心、调息、调身贯彻始终。在功法上，对外强调手、眼、身、法、步的训练，对内则强调精、神、气、力、功，内与外两个方面都注重阴阳变换，动静结合、柔中含刚。八卦掌注重内修和外练，在拳术套路或功法的演练中要求做到心与意合、意与气合、气与力合，以意动形，最后达到精、气、神（意）与形的高度协调。"气和而生，津液相成，神乃自生。"通过长期的练习，熟练掌握其技击规律，这是一个净化自我意识、获得自我享受的过程，铸炼良好心境，激发人的最大潜能，是生理与心理完美结合的过程。所以练习八卦掌能够愉悦身心，是一种精神享受，是一个修心修身的过程。

（五）以意导气，以气运身

从中医藏象学说角度讲，人体的精神活动，即一切意识、思维、情志活动，是大脑对于外界事物的反映，属于大脑的生理活动，也是脏腑生理功能的反映。其中最主要的内容归属于五脏的"心主神志"的生理功能。"心者，五脏六腑之大主也，精神之所舍也。"（《灵枢·邪客》）"气、力未到意先到，足手未到意先领""以意领气""意到气到""心静用意""始而意动，继而内动，然后形动"等说法，一方面是强调"意念"对于外部肢体活动的引导、指挥作用；另一方面，也体现出在"意念"的作用下，人体内部的经络畅通、气血调和，保证人体正常活动。前文曾提及，在八卦掌的练习过程中，时常体会到手指肚有胀痒的感觉，这是气血充分运行的例证。

通过意念的引导、肢体的运动，加强体内气血的流动，以气的畅通、运行不息为原则，促进体内新陈代谢功能，使机体达到阴阳平衡、气血调和、经络畅通的目的。"练拳好似前有人"，意念的连贯，才能保证动作的放矢。"无意不行拳，行拳则有法，有法需有意""意随拳行，力随意发"。意念在先，动作招式在后，才能"有所得"，使动作的韵味深远、绵长。动作的发劲具有整体效应，具有突发性与爆发性，发劲时快速、短捷。八卦掌对意念的重视，在于动静之间，正所谓"动若脱兔、静若处子"。意、气、力三者的统一结合，是功法修炼的上乘境界，是攻防实战中的核心要领，也是达到身强体健、心身协调的不二法门。练得此等功夫，定会体验到神清气爽的感觉，达到益寿延年的效果。

综上所述，八卦掌与健身养生有紧密的关系。这门以掌为法、以走为用的拳术是提高人体免疫力、益寿延年的重要手段。它的适用范围涵盖了中老年和青少年等不同年龄段的群体，对于维持中老年身体健康、增强青壮年体魄有着十分重要的作用。科学研究发现，散步走路是现代人应该坚持的一项重要的有氧活动，这对于慢性病的治疗、急性病的恢复都有着十分显著的疗效。八卦掌作为一门系统的运动，在走方面具有十分显著的优势。

首先，八卦掌的行走路线多样，包括直行、斜行、"S"行等样式；步法丰富，有行步走、蠕步走等。这些不同的走法丰富了走的内容，能够有效起到对人体腿部、足部等多部位锻炼的效果，弥补了日常生活中腿脚运动的不足。其次，八卦掌的走法具有立体训练的特点，在走转的同时，配合掌法的训练，能够有效带动全身其他部位的运动。走是八卦掌的主要练习方式，走动而全身动是八卦掌的目的。这种特点使得全身不同部位的关节、筋骨、肌肉同时协同合作，达到身体整体锻炼的效果。最后，八卦掌的走转具有螺旋劲的特点，走转带动腿转、腰转、颈转，甚至全身无处不转。这有助于改变人体单一方式用力的模式，开发身体运动形式的不同潜能。

八卦掌的这些特点，突出锻炼了人体腿力、腰力、颈力等方面，并且由外至内，使人体的经络获得打通，新陈代谢得到改善。现代生活中常见的腰椎病、颈椎病、失眠多梦、神经衰弱等威胁人们生活质量的疾病，都能在八卦掌功法练习中得到显著改善。八卦掌在健身养生方面起到的独特作用，在现代医学科学发展的过程中逐步得到验证，其健康价值不断引起学者和大众的兴趣和认识。俗话说，"人老先老腿"，这一素朴的常识道出了走路与人体机能之间的紧密关联。"饭后百步走，活到九十九"，更是表达了走路在健康养生中的重要性。八卦掌以其走法的系统性、科学性、立体性等特点，向人们展示了其功夫练习中独特的养生保健价值，是行之有效的强身健体、益寿延年的方法。

二、八卦掌养生功风格特点

（一）以"意"为先

八卦掌讲究"意与气合，气与力合，力与意合"，这足以说明"意"的重要。我练八卦掌六十年，深深认识到这一点，实践证明，"意"实在是练习八卦掌法的真谛，"意"在练功中要起统帅作用，就是"以意为先"。

有的老前辈说："意如飘旗，又如点灯。"意思是说，"意念"像古代行军打仗时的军旗，指挥作战时的进、退、转、移、变动；又像夜晚作战时的指挥灯，都起到指挥统帅、发号施令的作用。因而在练习八卦掌功法时要意识集中，用意念去支配、引导气的运行，气沉丹田；用意念引领气血通达手掌，以练习浑厚的掌力；用意念去统帅掌法的练习和变化，用意念支配一切动作，达到步法灵活、身法舒展、上下协调、和顺自然。总之，通过"意"的统帅，即"以意为先"，来练习功法，从而达到自卫防身和强身健体的双重目的。

（二）以"走"为用

八卦掌的练功方法是"走圈"，一走就是几十上百圈。走圈的练习中不能休息和中断，像太极拳那样一手接一手、一式接一式连绵不断、滔滔不绝，要一股劲练下去，直至功法套路练习完毕。这道理与"趁热打铁"一样，如果走圈时经常中断，累了就休息一下，掌法就断了，劲力就断了，气沉丹田也断了，再要从头走起来，岂不白白浪费了时间和汗水。坚持　股劲地练下去，最少也要走 100 圈，这不算多，相当于练习一套太极拳加一套太极剑的运动量。只有坚持不停息地走完这 100 圈，才能真正气沉丹田，才能练得双手充满气血，仿佛手掌厚了，仿佛手掌粗了，仿佛手掌大了，仿佛手掌沉了，充满了力量，恨不得找个目标打它几拳才能痛快，这样就能更好地打通十二经脉和奇经八脉，通经活络，平衡阴阳，康健身体，练出掌上的浑厚力量。

八卦掌的"走"不是逃跑，而是用法，讲究忽前忽后、忽左忽右、打了就走、走了就回。这就全赖"走"的练习，在"走"中变掌换式，一边走一边练习摆步、扣步、插步、仆步等，练习各种腿法，还要练习肩、肘、腕、胯的种种打法。

"走"是长生之宝，因为走圈时气道最畅通，最易向下行气，气沉丹田，所以"走"也是练习者气沉丹田的最理想法门。通过意为统帅，以意领气，气沉丹田，才能练出八卦掌的内劲；只有气沉丹田了人才能疏通经脉、祛病强身、益寿延年。如同武术界老前辈们经常说的："练就丹田长命宝，万两黄金不与人！"八卦掌的"走"是最好的练功方法，更是八卦掌的独特风格和特点，所以这套功法的第二个特点就是"以走为用"。

（三）以"掌"为法

八卦掌是以掌法为主的内家拳术，所以这套功法的特色之一是"以掌为法"。八卦掌的掌法十分丰富，巧妙卓绝，异彩纷呈，功法中又选用了哪些掌法呢？

功法中选用的是最易学易练的掌法，选用的是最好用、最具技击特色的掌法，选用的是最易行气、气沉丹田的掌法，选用的是最具八卦掌的风格特色、最有代表性的掌法，如穿掌、披掌、撩掌、探掌、行步撩衣、指天插地、走马活携、脑后摘盔等。

练习"青龙探爪"时，要一掌前伸，一掌护后，双臂合抱，双掌前顶。通过"滚钻争裹"，通过"舌抵上腭，提肛溜臀，气沉丹田"，通过"里足直迈，外足微扣，合膝顶足"的走圈，来练习、充实八卦掌的掌力，来贯彻和掌握"转掌如拧绳"这一练功诀要。"转掌如拧绳"是练习八卦掌法的真谛，完全体现了八卦掌的风格和特色。

（四）以"松"为本

形意拳练功时从明劲入手，出功夫快，三年就可出师门，防身自卫。八卦掌从明劲入手，也出功夫快，可以三年出师门，克敌而制胜。但都偏于刚，很容易伤身。不少人在练习形意拳时经常震脚，仿佛劲力又刚又整，而致使腿部静脉曲张，也有人练八卦掌时双臂用僵劲，托着重物练，致使气血上升，血压升高。练习太极拳能祛病强身，这是人尽皆知的事情，道理何在？就是因为练习太极拳时以柔为主，不强求功夫，合乎生理规律，不易致伤，而能益寿延年。所以我们练习八卦掌功法时，要以"松"为本。做到全身放松很难，必须做到肩背放松、双臂放松、掌指放松，达到上身放松，这样才能向下行气，气沉丹田。"松"不是"软"，不是一味地"柔"。八卦掌功法的"松"是指肌肉不僵硬，关节要灵活松伸，手指在意念支配下时屈时伸，时松时张，以便以意领气，以意领力，力达掌指。

有的人习惯练习明劲，觉得很过瘾，甚而一辈子打明劲，年过花甲才逐步有所改变，但已晚了。所以练习这套八卦掌功法时，我们从暗劲入手，这样不但出功夫快，而且有益身心健康。以暗劲入手，必须做到"松"，所以功法的特色之四是以"松"为本。

总之，我练习八卦掌六十余年，前三十年走了不少弯路，近三十年才对八卦掌有了真正的领悟和认识，取得了一点进步和成就。我体会并认识到，只有真正的气沉丹田，六合归一，练出八卦掌内劲，掌握八卦掌的技击特点和变化，又能以"走"为用，才算是八卦掌功夫，才算是内家拳，否则尽管练得很好，得过多少金牌，或自己感觉功夫已上身，很有劲，了不起，也只能是属于皮毛，不能算是内家拳。

整套功法要走 100 圈，要求连绵不断、滔滔不绝，中间不许休息或停顿，要一气呵成。功法分四部分：第一部分练习上身，主要练习手指、手腕、手臂、肘、胸、背；第二部分练习上身、腰和下身，使全身上中下各个部位都得到锻炼；第三部分练习下身，主要练习胯、膝、足和腿法；第四部分为收功。

整套功法的练习以慢速或中速为主，需 20~30 分钟，相当于练习一套太极拳加练一套太极剑的运动量，男女老弱都适合。通过练习，全身内外各个部位都会得到充分的锻炼，不但能祛病强身、延年益寿，而且同时练习了各种出奇的掌法，练习了肩、肘、腕、胯、膝、足的打法，学到了自卫防身的本领。

三、八卦趟泥步

　　每一个拳种都重视步法，也就是"走"。八卦掌之所以成为一门绝技，就是因为它把这"走"发挥到了巅峰，俗话讲：用绝了。八卦掌的功夫是走出来的，克敌制胜也都在这"走"字上，所以讲究"以走为用"。走圈是基本功，看似简单，其实妙用无穷，因为八卦门的各种功夫都以它为基础。反过来说，任你功夫多深，这圈也得天天走，丝毫不能松懈。望大家认识到这一点，对走圈重视起来。

　　1.头正颈直，微收下颌，有上顶之意。嘴微闭，舌抵上腭，用鼻自然呼吸，上身正直，肩臂放松，掌指向下，垂于身体两侧。双足并立，二目向前平视。（图3-1）

　　2.双臂外旋，掌心向上，自体侧向上徐徐托起，高于头部。吸气收腹，二目向前平视。（图3-2）

　　3.双臂内旋，掌心向下，掌指相对，经体前徐徐下落于腹前。同时提肛溜臀，坐身屈膝，呼气松腹，气沉丹田，二目向前平视。（图3-3）

图3-1　　　　　　　　　图3-2　　　　　　　　　图3-3

　　4.上身正直，双臂垂于身体两侧，重心移至右足。左足尽可能不掀足跟，轻轻提起，微蹭右足内踝骨，向前直行。前行时，左腿微屈膝，五趾微下扣，不要向上掀足尖，全腿放松，二目向前平视。（图3-4）

　　5.左足五趾抓地落下，重心移至左足，右足立即轻轻提起，微蹭左足内踝骨弧

线行进。右腿微屈膝，五趾微下扣，不要向上掀足尖，全腿放松，二目前视。（图 3-5）

6.右足五趾抓地落下，重心移至右足，左足轻轻平起，微蹭右足内踝骨沿圈前行。左腿微屈膝，五趾微下扣，不抬足尖，全腿放松，二目前视。（图 3-6）

图 3-4　　　　　　　　图 3-5　　　　　　　　图 3-6

7.左足五趾抓地落下，重心移至左足。右足轻轻平起，微蹭左足内踝骨弧线行进。右腿微屈膝，五趾微下扣，不抬足尖，全腿放松，二目前视。（图 3-7）

8.右足五趾抓地落下，重心移至右足，左足轻轻平起，微蹭右足内踝骨沿圈前行。左腿微屈膝，五趾微下扣，不抬足尖，全腿放松，二目前视。如此左右交替沿路线走圈，八步一圈，圈数不限。（图 3-8）

9.当行至起势之处时，右足尖在左足前向圈心扣成丁字步（两足间距一步）向左拧身回头，二目平视。（图 3-9）

10.在起势处并右足，双臂外旋，掌心向上，自体侧向上徐徐托起。同时吸气收腹，二目向前平视。（图 3-10）

11.双臂内旋，掌心向下，经体前徐徐下落于腹前。同时提肛溜臀，坐身屈膝，呼气松腹，气沉丹田，二目向前平视。伸膝立身，周身放松，自然呼吸，成立正姿势。（图 3-11、图 3-12）

【要点】

走圈时要舌抵上腭，提肛溜臀，自然呼吸，气沉丹田；可用行步，也可用摆步，但以中盘、中速或慢速为宜；全身要求放松，只有一腿着地用力，双足交替而行，一紧一松，虚实分明；走时必须里足直迈，外足沿弧线进行，这样可以合膝掩裆，为以后"转掌如拧绳、斜出正入、以走为用"打基础。老年人能沿路线走圈就可以了。

图 3-7　　　　　　　　图 3-8　　　　　　　　图 3-9

图 3-10　　　　　　　　图 3-11　　　　　　　　图 3-12

四、八卦掌养生功

　　整套功法练完要走 100 圈，走圈时可用八卦趟泥步的行步或摆步，但以行步为主。练习功法时每个圈步子大小和步数多少没有限制，为了使全身动作和顺协调，一般以八步或九步为宜，这样更能练习步法、掌法、身法的灵活性和协调性。练习时先向左转，然后右转，以中盘、中速为宜。整个套路分起势、走圈、收势、收功四个部分。练功时要"以掌为法、以走为用、以意为先、以松为本"。要练习气沉丹田，练习八卦掌的内劲，以达到疏通经络、健身祛病、益寿延年的作用。同时掌握各种掌法、

<<<

步法、身法，学习自卫防身的本领。

（一）动作名称

1. 起势

2. 按掌	22. 穿掌右式
3. 凤凰展翅	23. 撩衣右式
4. 两鬓插花	24. 白猿右式
5. 脑后摘盔	25. 阴阳鱼右式
6. 抬肘云片	26. 白蛇右式
7. 缠手掖撞	27. 摆扣右式
8. 沉掌	28. 提膝右式
9. 青龙探爪	29. 指天右式
10. 进步穿掌	30. 燕子右式
11. 行步撩衣	31. 走马右式
12. 白猿托挑	32. 迎门右式
13. 阴阳鱼	33. 青龙探爪
14. 白蛇伏草	34. 弹腿
15. 摆扣翻身	35. 踹腿
16. 提膝下切	36. 切腿
17. 指天插地	37. 蹬腿
18. 燕子抄水	38. 点腿
19. 走马活携	39. 插掌
20. 迎门摆莲	40. 按掌
21. 青龙右式	41. 收势

八卦掌养生功

徐艳霞演示
八卦掌养生功套路

（二）动作图解

1. 起势

沿圈站立，头正颈直，微收下颌，头有上顶之意。嘴微闭，舌抵上腭，用鼻呼吸，含胸圆背，肩臂放松，掌指向下，垂于身体两侧。双足并立，精神贯注，二目向前平视。（图 3-13）

双臂外旋，肘部微屈，双掌掌心向上，自体侧向上徐徐托起，稍高于头。吸气收腹，二目向前平视。（图 3-14）

双臂内旋，屈肘，掌心向下，掌指相对，经体前徐徐按下，置于腹部前。同时

>>>

坐身屈膝，提肛溜臀，呼气松腹，气沉丹田，二目前视。（图3-15）

【要点】

全身放松，精神贯注，意守丹田。

图3-13 图3-14 图3-15

2. 按掌

上身正直，双臂肘部微屈，在身体两侧自然下垂。双掌掌心下按、掌指相对，故名"按掌"。重心落于右足，左足轻轻平起，微蹬右足内踝骨沿圈前行。左腿微屈膝，五趾微下扣，不掀足尖，全腿放松，二目向前平视。（图3-16）

落足时脚趾抓地，同时重心左移，右足立即轻轻提起，微蹬左足内踝骨处沿圈而行。右腿微屈膝，五趾微下扣，不抬足尖，全腿放松，二目向前平视。如此左右脚交替向左走5圈。（图3-17）

在起势处，右足向圈心方向扣成丁字步，两足间相距一步。双膝合拢，向左拧身，二目回视。随之上左足，又上右足，交替沿圈而行，向右走5圈。（图3-18）

【要点】

向左向右各走5圈，目的是调整全身姿势。要求是全身放松，不上下左右摇晃。

3. 凤凰展翅

接按掌，在起势处扣步回身向左走圈。当右足前行时，双手十指、双腕、双肘内旋弯曲，五指变钩向下，有拨物之意。双肩下沉，全身放松。二目向前平视。（图3-19）

沿圈上左足，同时双掌向身后插出。双肩向下松沉，全身放松，二目向前平视。（图3-20）

沿圈上左足，同时双臂内旋拧动，边拧动边向身前尽力伸出，双掌翻成掌心向上、掌指向前，二目向前平视。（图 3-21）

图 3-16　　　　　　　图 3-17　　　　　　　图 3-18

图 3-19　　　　　　　图 3-20　　　　　　　图 3-21

沿圈上右足，同时双肩尽力前松，双臂前伸，双掌掌心向上，小指外沿向面前合拢，二目向前平视。（图 3-22）

在回身处，向左扣右步回身上左足，向右走圈。双手十指、双腕、双肘内旋弯曲，五指变钩向下，有拨物之意。双肩下沉，全身放松，二目向前平视。（图 3-23）

>>>

沿圈上左足，同时双肩前松，双臂前伸，双掌掌心向上，小指外沿向面前合拢，二目向前平视。练习时，随之再上右步，重复"凤凰展翅"两遍。（图3-24）

图3-22　　　　　　　图3-23　　　　　　　图3-24

【要点】

练习凤凰展翅的向下拨动时，要屈腕、屈肘、屈手指。向前伸臂要尽力向前松肩、伸臂、伸五指来练习肩臂的舒松，同时练习肩、肘、腕、指屈伸的灵活性。屈腕、屈指时，要有向下的拨动力；双手小指外沿贴拢时要含有向内的横切力；双臂向内、向上翻转时要有螺旋力。

4. 两鬓插花

接凤凰展翅，在起势处扣步回身向左走圈。左足沿圈前行时，双臂外旋，双掌翻成掌心向上，向腹前沉下，二目向前平视。（图3-25）

沿圈上右足，双臂内旋翻转，当翻至胸前时，双臂屈肘，双掌掌背贴拢，掌指向前，二目向前平视。（图3-26）

沿圈上左足，双掌掌背贴拢，掌指向前，松肩伸臂向面前插出。双掌掌指要高过双眉，二目向前平视。再上右步重复"两鬓插花"两遍。（图3-27）

在起势处扣步回身向右走圈。沿圈上右足，双臂外旋，双掌翻成掌心向上，向腹前沉下，二目向前平视。（图3-28）

沿圈上左足，双臂内旋翻转，当翻至胸前时，双臂屈肘，双掌掌背贴拢，掌指向前，二目向前平视。（图3-29）

沿圈上右足，双掌掌背贴拢，掌指向前，松肩伸臂向面前插出。双掌掌指要高过双眉，二目向前平视。再上左步重复"两鬓插花"两遍。（图3-30）

【要点】

每走一圈要连续做3次"两鬓插花"动作,走的圈的大小虽然没变,但步子多了,就要自动调整步数,只要做到协调自如、动作连绵不断即可。练习时,双掌十指插出时要高过眉部,这样两肩更能松开而灵活自如。插指时意在指端,气力到指。

图 3-25

图 3-26

图 3-27

图 3-28

图 3-29

图 3-30

>>>

5. 脑后摘盔

接两鬓插花，在起势处扣步回身，向左走圈。当右足沿圈前行时，右臂下垂，左臂屈肘，伸至脑后，掌心向前贴在后颈部，二目向前平视。（图3-31）

沿圈上左足，右掌不动，左掌漫过头顶探至头前，二目向前平视。（图3-32）

沿圈上右足，右掌不动，左臂屈肘自然弯曲，左掌掌心向前，向胸前推出，高与肩平，二目向前平视。连续3次之后，于起势处扣步回身左行。（图3-33）

沿圈上左足，左臂垂于腹前，右臂屈肘，伸至脑后，掌心向前贴在后颈部，二目向前平视。（图3-34）

沿圈上右足，左掌不动，右掌漫过头顶探至头前，二目向前平视。（图3-35）

沿圈上左足，左掌不动，右臂屈肘自然弯曲，右掌掌心向前，向胸前推出，高与肩平，二目向前平视。连续3次后，再返身练习。（图3-36）

【要点】

练习时不要因出掌时需过头顶而低头，要求颈部要有梗劲，头部要有上顶之意。向前推掌时，要松肩，意在掌心，含有前推的寸劲。

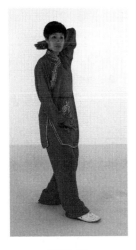

图3-31

图3-32

图3-33

图 3-34

图 3-35

图 3-36

6. 抬肘云片

接脑后摘盔，在起势处扣步回身，向左走圈。当左足沿圈前行时，左臂外旋屈肘，用前臂向胸前横掩，名曰"掩肘"。此时左手五指朝上，右手置于左肘之下，二目向前平视。（图 3-37）

沿圈上右足，右掌不动，左臂内旋，向内拧滚的同时向前伸。当五指朝前时，左臂再向外翻，屈肘向上抬起，名曰"抬肘"。二目向前平视。（图 3-38）

沿圈上左步，右掌不动，左臂以肘为轴向内拧动。当掌心向上时，在头部前上方自左至右云片一周，名曰"云掌"。二目注视左掌动作。（图 3-39）

沿圈上右足，右掌不动，左臂内旋向里拧动。当翻成掌心朝下时，用小指外沿向面前片削而出，名曰"片掌"。二目向前平视。随之再上左足继续练习右手的抬肘云片，至起势处扣步回身向右走圈。（图 3-40）

当右足沿圈前行时，右臂外旋屈肘，用前臂向胸前横掩。此时右手五指朝上，左手置于右肘之下，二目向前平视。（图 3-41）

沿圈上左足，左掌不动，右臂内旋，向内拧滚的同时前伸。当五指朝前时，右臂向外翻，屈肘向上抬起，二目向前平视。（图 3-42）

沿圈上右足，左掌不动，右臂以肘为轴向内拧动。当掌心向上时，在头部前上方自右至左云片一圈，二目注视右掌动作。（图 3-43）

沿圈上左足，左掌不动，右臂内旋向内拧动，当翻成掌心朝下时，用小指外沿向面前片削而出，二目向前平视。随之再上右足继续练习左手的抬肘云片。（图 3-44）

【要点】

每走一圈练习两次抬肘云片，第一次与第二次的手法相同，但架势相反，目的

图 3-37　　　　　　图 3-38　　　　　　图 3-39　　　　　　图 3-40

图 3-41　　　　　　图 3-42　　　　　　图 3-43　　　　　　图 3-44

是把步子练得更加灵活。只要做到全身动作协调和顺，绵绵不断即可。

抬肘意在破坏对方向我头部打来之拳，所以要有突然上抬之力。云片时不可过于用力，意在小指外沿即可。片击时可稍稍用暗力，意在小指外沿。

7. 缠手掖撞

接抬肘云片，在起势处扣步回身向左走圈。当左足沿圈前行时，左臂外旋，向左拧动，自右前臂下向前翻展，当翻成掌心向上时，二目向前平视。（图 3-45）

沿圈上右足，左臂继续向左拧动，左掌向前下方缠沉，与右掌小指侧相贴，掌心向斜上方，名曰"缠掌"。二目向前平视。（图 3-46）

　　沿圈上左足，双臂屈肘，双掌掌背向下，掌心向前，向腹前推出，二目向前平视。再上右足重复练习两次，至起势处扣步回身。（图 3-47）

　　当右足沿圈前行时，右臂外旋，向右拧动，自左前臂下向前翻展，当翻成掌心向上时，二目向前平视。（图 3-48）

　　沿圈上左足，右臂继续向右拧动，右掌向前下方缠沉，与左掌小指侧相贴，掌心斜向上，二目向前平视。（图 3-49）

　　沿圈上右足，双臂屈肘，双掌掌背向下，掌心向前，向腹前推出，二目向前平视。再上左足，重复练习两次。（图 3-50）

图 3-45　　　　　　　　图 3-46　　　　　　　　图 3-47

图 3-48　　　　　　　　图 3-49　　　　　　　　图 3-50

【重点】

每圈练习3次缠手掖撞。双手向前掖撞时要沉肩坠肘,意在双掌,要含有沉撞推托之力。

8. 沉掌

接缠手掖撞,在起势处扣步回身。当左足沿圈而行时,上身正直,双肩松垂,双臂自然弯曲,双掌掌心向上,掌指相对,沉于腹前,二目向前平视。(图3-51)

上右足沿圈而行,上身正直,双肩松垂,双臂自然弯曲,双掌掌心向上,掌指相对,沉于腹前,二目向前平视。如此左右足交替走5圈。(图3-52)

在起势处,左足尖朝向圈心在右足前扣步,向下坐身,双膝贴拢,向左拧身回头,二目向前平视。(图3-53)

左转回身,上左足沿圈而行。上身正直,双肩松垂,双臂自然弯曲,双掌掌心向上,掌指相对,沉于腹前,二目向前平视。(图3-54)

上右足,沿圈而行。上身正直,双肩松垂,双臂自然弯曲,双掌掌心向上,掌指相对,沉于腹前,二目向前平视。如此左右足交替向右再走5圈。(图3-55)

在起势处,左足足尖朝向圈心,在右足前扣成丁字步,向下坐身,双膝贴拢,向右拧身回头,右转回身,沿圈上右足,二目向前平视。(图3-56)

【要点】

向左右各走一圈。走转时二目向前平视,不需要拧腰,目的是为了全身放松,行走自如。双臂松沉,双掌掌背向下松沉,故名"沉掌"。要自然呼吸,意守丹田,达到气沉丹田的目的。双掌十指自然弯曲,掌背向下松沉,越走越感双手热胀,气血通达全手。

图 3-51　　　　　　图 3-52　　　　　　图 3-53

图 3-54   图 3-55   图 3-56

9. 青龙探爪

接沉掌在起势处上左足，双臂外旋，双掌掌心向上，左掌在前，右掌在后，右掌贴在左前臂内侧，沉肩坠肘，双掌高于下颌向面前伸出，二目向前平视。（图 3-57）

沿圈上右足，再上左足，同时双臂内旋里拧。左掌在前，高与眉齐，掌指向上成龙爪掌，右掌亦成龙爪掌置于左肘下一寸处。躯干向圈心拧腰转体90°，二目向圈心平视。如此左右步交替向左走圈。（图 3-58）

图 3-57   图 3-58

>>>

【要点】

共走 10 圈。自然呼吸，气沉丹田，意守双掌。前 5 圈双掌十指伸张，虎口撑掌，力量到手；后 5 圈十指可以弯曲，双掌松柔，让气血通达全手，使双掌仿佛各自握着一个热乎乎的圆球一般，练出内劲。

10. 进步穿掌

在起势处，左足在右足前扣步（足尖朝向圈外），双掌不动，二目向前平视。（图 3-59）

向左转身，当面对圈心时，在圈上向左横移左足，成半马步。双掌不变，二目向前平视。做好进步穿掌的准备。（图 3-60）

面对圈心，向圈心上右足，同时双臂外旋，翻成掌心向上时，右臂自左臂下向面前穿出，五指向前，高与眉齐，左掌置于右臂内侧，二目向前平视。（图 3-61）

图 3-59　　　　　　　图 3-60　　　　　　　图 3-61

向圈心上左足，同时左掌掌心向上，自右臂下向面前穿出，五指向前，高与眉齐，沉肩坠肘，右掌收于左臂内侧，二日向前平视。（图 3-62）

过圈心，向面对圈上上右足，同时右掌心向上，自左臂向下面前穿出，五指向前，高与眉齐，沉肩坠肘，二目向前平视。（图 3-63）

【要点】

进步穿掌时可以自然呼吸，气沉丹田，也可以在最后穿掌时采用腹式呼吸，气沉丹田，松肩坠肘，穿出"寸劲"，意在掌指，力达指梢。

图 3-62　　　　　　　　　　图 3-63

11. 行步撩衣

向右转身 90°，右足在原地扣步。双掌握拳，双臂合抱于胸前。拧身回头，二目向圈心方向回视。（图 3-64）

向圈心方向上左足，同时左手变掌，五指向前，以小指外沿向身前弧线撩出，高与肩平，右手变掌按于腹前，二目向前平视。（图 3-65）

【要点】

自然呼吸，亦可腹式呼吸，气沉丹田，练习时要尽力向前松肩，意在指端。

12. 白猿托挑

面对圈心，双臂外旋，双掌掌心向上，腕部贴拢，自胸部向上托起，与鼻同高，同时右腿以足搓地面，提膝，向圈心方向蹬出，二目向前平视。（图 3-66）

【要点】

搓地面的右腿不可蹬直。

13. 阴阳鱼

在圈心落右足成摆步，同时左臂内旋，掌心向外，向右肩前推出。右臂内旋，翻拧成掌心向外时置于左胯后方，二目向右前平视。（图 3-67）

向右足前扣左足，向右拧身转体。双掌不动，左掌高与肩齐，右掌置于身后，二目向前方平视。（图 3-68）

向左拧身转体，向圈心大摆右足，左掌向右肩推出，右掌置于身后，二目向前方平视。（图 3-69）

左足沿圈上步，在右足前扣步。双掌不动，左掌高与肩齐，右掌置于身后，二目向前方平视。（图 3-70）

>>>

【要点】

以上动作要一气呵成，目的是松垮，练习大摆步和扣步。

图 3-64

图 3-65

图 3-66

图 3-67

图 3-68

图 3-69

图 3-70

14. 白蛇伏草

双肩先于胸前合抱,随之在圈上向右扑右足成半仆步。同时双掌掌心向下,自胸前分别向身体两侧按出。右掌指按于右足面,左掌按的位置偏高,二目注视右掌。意在右手,要自然呼吸,气沉丹田。(图 3-71)

蹬腿起身,在圈上原地摆左足,向左拧身。右手按于腹前,左臂内旋,屈肘、屈腕、屈五指向左肋掖插,目视前方。(图 3-72)

| 图 3-71 | 图 3-72 |

15. 摆扣翻身

向左转身,右足绕左足360°,扣成丁字步,弯腰俯身低头,同时右掌向左腋下插出,二目注视右掌。(图 3-73)

向左拧腰转身,左足尖点地成虚步,同时右掌掌心向上,向身前穿出,左掌向头后上方伸出。二目向上注视。(图 3-74)

【要点】

几个动作要绵绵不断,一气呵成,因意在翻身,故名曰"翻身掌"。

16. 提膝下切

在弯腰俯身的状态下突然挺身而起,提右膝,左掌在右膝前下切,右掌自然抬至头上,二目向前平视。向下切掌时呼气松腹,气沉丹田。(图 3-75)

【要点】

左掌用小指外沿尽力下切,右掌尽力上抬。伸长腰身,与翻身掌之弯腰俯身形成鲜明对比,目的是练习身法和腰力。

图 3-73

图 3-74

图 3-75

17. 指天插地

右足尖朝向圈外落扣步，同时双臂在胸前成合抱姿势，二目向前平视。（图 3-76）

原地摆左足，向左转身，同时在圈上扣右足，足尖朝向圈心。左掌置于腹前，二目向圈心平视。（图 3-77）

左足右移与右足并步，同时左臂内旋，屈肘，掌心向内，五指朝上，横掩至右肩前，向上穿起，右掌护于左肋侧，掌心向后，二目向前平视。（图 3-78）

图 3-76

图 3-77

图 3-78

双足并立不变，右掌尽力向上伸出，名曰"指天"。左掌护于右前臂内侧。此时吸气收腹，目视右掌动作。（图3-79）

双腿屈膝全蹲（左足尖可以点地），右掌不变，左掌掌指向下，掌心朝外，在右腿外侧尽力插下，名曰"插地"。此时呼气松腹，气沉丹田。（图3-80）

【要点】

此式可自然呼吸，也可以腹式呼吸，都要气沉丹田。指天时尽力向上指，插地时尽力下插，把肋部舒展，练习腰肋。

图3-79   图3-80

18. 燕子抄水

面对圆心在圈上迅速扑左腿成半仆步。同时左臂内旋，翻成掌心向上时，掌背贴左腿上侧迅速向左足面下插，右掌自然按下，二目注视左掌动作。（图3-81）

随之左掌小指外沿向上，五指向前，向前上方撩出。二目注视左掌动作。（图3-82）

【要点】

松左肩，意在指端。自然呼吸，气沉丹田。

19. 走马活携

重心移至右腿，右掌随上体向右拧腰的动作在右前方画一大平圆。随之右臂外旋，掌心翻上，向右腰际搂回，意在搂抱，目视右掌动作。（图3-83）

【要点】

自然呼吸，气沉丹田。走马活携主要练习腰力。

图 3-81

图 3-82

图 3-83

20. 迎门摆莲

重心移至左腿，起立，左腿微屈，右掌掌心向上，自左臂下向前穿出。同时右腿屈膝提起，用足面自左向右在右掌下拍击右掌，目视右足动作。（图 3-84）

【要点】

自然呼吸，气沉丹田。摆出之足要藏在右掌下，名"暗腿"，其力在足面。

21. 青龙右式

在圈上落右足，向圈心拧腰转体 90°，双臂内旋，向内拧裹成右掌前、左掌后的青龙探爪。右掌高与眉齐，左掌置于右肘下一寸处。二目向圈心平视。如此向右走 10 圈。（图 3-85）

【要点】

走圈时自然呼吸，气沉丹田，意守双掌。这 10 圈分为两部分，每部分 5 圈，动作方法和要领与左式相同。

图 3-84　　　　　　　　　　图 3-85

22. 穿掌右式

当面对圈心时，在圈上扣左足，向右移右足成半马步，双掌不变，二目向前平视。（图 3-86）

当面对圈心时，向圈上上左足，同时左臂外旋，翻成掌心向上时自右臂下向面前穿出，五指向前，高与眉齐，右掌收于左肘内侧，沉肩坠肘，二目前视。（图 3-87）

向圈上上右足，同时右掌掌心向上，自左臂下向面前穿出，五指向上，高与眉齐，左掌收于右肘内侧，沉肩坠肘，二目向前平视。（图 3-88）

过圈心，向对面圈上上左足，同时左掌掌心向上，自右臂下向面前穿出，五指向前，高与肩齐，右掌收于左肘内侧，沉肩坠肘，二目向前平视。（图 3-89）

【要点】

练习进步穿掌时可以自然呼吸，气沉丹田，也可以在最后穿掌时采用腹式呼吸，气沉丹田，穿出"寸劲"。意在掌指，力达指梢。穿掌要小指向上拧动，穿出螺旋劲。

23. 撩衣右式

左转身 90°，左足在扣步。双臂合抱于胸前，拧身回头，二目向圈心方向回视。（图 3-90）

向圈心方向上右足，同时右手变掌，向腹前画弧，五指向前，用小指外沿向前撩出，高与肩齐，左掌按于胃脘前，二目向前平视。（图 3-91）

【要点】

自然呼吸，气沉丹田，亦可腹式呼吸。"撩衣"时要尽力向前松肩，意在指端。

图 3-86

图 3-87

图 3-88

图 3-89

图 3-90

图 3-91

24. 白猿右式

面对圈心，双臂外旋，双掌掌心向上，腕部贴拢，自胸部向面前托起。同时左腿以足搓地面，提膝，向圈心方向蹬出。二目向前平视。（图 3-92）

【要点】

自然呼吸，气沉丹田。蹬出之足要搓地而起，屈膝，腿不可蹬直，力在足心。

25. 阴阳鱼右式

在圈心落左足成摆步，同时右臂内旋，翻拧成掌心向外时向左肩前推出。左臂内旋，翻拧成掌心向外时置于右胯后方，二目向左前方平视。（图 3-93）

向左足前扣右足，向左拧身转体。双掌不动，右掌高与肩齐，左掌置于身后，二目向左前方平视。（图3-94）

　　向左拧身转体，向圈心落左足。双掌不动，右掌向左肩推出，左掌置于身后，二目向左前方平视。（图3-95）

　　右足向圈上在左足前扣步。双掌不动，左掌高与肩齐，左掌置于身后，二目向左前方平视。（图3-96）

【要点】

　　大摆步、大扣步的目的是松胯，并练习摆步、扣步的灵活性。注意自然呼吸，气沉丹田。

图3-92　　　　　　　　图3-93　　　　　　　　图3-94

图3-95　　　　　　　　图3-96

>>>

26. 白蛇右式

双臂在胸前合抱，随之在圈上向左扑足成半仆步，同时双掌掌心向下，自胸前分别向身体两侧按出。左掌按于左足面，右掌按得偏高，二目注视左掌。（图3-97）

【要点】

意在左掌，自然呼吸，气沉丹田，也可腹式呼吸。

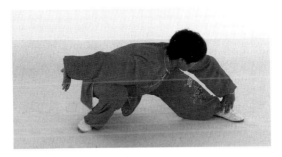

图3-97

27. 摆扣右式

在圈上原地摆左足，插至右足后，向右拧身。左掌自然停于身后。右臂内旋，屈肘、屈腕、屈五指向右肋掖插，目视右掌。（图3-98）

向右转体，左足绕至右足前扣步，身体左倾。同时，左掌向右腋下摆出，二目注视左掌动作。（图3-99）

向右拧腰仰身，同时左掌掌心向上向身前穿出，右掌向头后自然伸出。右足尖可立地成虚步，二目向上注视。（图3-100）

图3-98

图3-99

图3-100

【要点】

几个动作要柔和，绵绵不断，一气呵成，名曰"翻身掌"。意在翻身，目的是练习身法和腰力。

28. 提膝右式

在弯腰仰身的状态下，突然挺身而起，提左膝，右掌在左膝前下切。左掌自然抬至头顶上方，掌心向上，二目向前平视。（图3-101）

【要点】

向下切掌时呼气松腹，气沉丹田。右掌以小指外沿尽力下切，左掌尽力上抬。伸长腰身与翻身掌之弯腰俯身形成鲜明对比，目的是练习身法和腰力。

29. 指天右式

在圈上，左足足尖朝向圈外落扣步，双臂于胸前成合抱姿势，二目向右前方平视。（图3-102）

原地摆右足，向右转身。同时在圈上扣左足，足尖朝向圈心。双臂仍成合抱姿势，二目向圈心平视。（图3-103）

双足不动，右臂外旋，屈肘，掌心向内，五指朝上，横掩至左肩前向上穿起，二目向前平视。（图3-104）

收右足与左足并立，左掌掌心向内，五指朝上，沿右臂内侧尽力向上伸出，名曰"指天"。右掌护于左肘内侧。吸气收腹，目视左掌。（图3-105）

双腿屈膝，右足尖可以点地，同时左掌不变，右掌掌指向下掌心向外，在左腿外侧尽力下插，名曰"插地"。呼气松腹，气沉丹田。（图3-106）

图 3-101

图 3-102

图 3-103

图 3-104　　　　　图 3-105　　　　　图 3-106

【要点】

"指天"时尽力上指，"插地"时尽力下插，双掌上下挣开，以练习腰肋。

30. 燕子右式

面对圈心，在圈上迅速扑右腿成半仆步。同时右臂内旋，翻成掌心向上时，掌指贴右腿上侧迅速向右足面下插，左掌掌心向下按于腹前，二目注视右掌动作。（图3-107）

随之，右掌小指外沿向上，五指朝前，向前上方撩出，高与肩平。左掌自然按下。二目注视右掌动作。（图3-108）

【要点】

注意松右肩，意在指端，自然呼吸，气沉丹田。

图 3-107　　　　　　　　　图 3-108

31. 走马右式

重心移至左腿，左掌掌心向下，随上身向左拧腰的动作在腰左侧画一个大平圆。随即左臂外旋掌心翻上，搂向左腰际，意在搂抱挟起对方。目视左掌动作。（图3-109）

【要点】

自然呼吸，气沉丹田。手掌要随拧腰动作画平圆，搂回时要用腰的力量带动，来练习腰的力量。

图 3-109

32. 迎门右式

重心移至右腿，起立，右腿微屈，左掌掌心向上，自右臂下向前穿出，同时，左腿屈膝提起，用足面自右向左在左掌下拍击左掌，目视左足动作。（图3-110）

【要点】

自然呼吸，气沉丹田。摆出之足要藏在左掌下，名"暗腿"，力在足面。

33. 青龙探爪

在圈上落左足，向圈心拧腰转体90°，双臂内旋向内拧裹成左掌前右掌后的青龙探爪。左掌高与眉齐，右掌置左肘之下，二目向圈心平视。（图3-111）

34. 弹腿

接上动，在起势处双掌下落成拳按于腹部，上身正直，不前俯后仰。重心落于右腿，左腿膝微屈，左足足面绷直，用足尖向前弹出，二目平视。（图3-112）

重心落于右腿，把弹出的左足立即抽回。左足内踝骨在右腿小腿内侧停住，以免身体站立不稳，二目平视。（图3-113）

把抽回之左足向前伸出落于圈上，二目向前平视。（图3-114）

重心移于左腿，右腿膝微屈，右足足面绷直，用足尖向前弹出。如此双足尖交替踢出，每踢8腿为一圈。（图3-115）

图 3-110

图 3-111

图 3-112

图 3-113

图 3-114

图 3-115

　　在起势处弹出的第 8 腿不再立即抽回，而是落于圈上足尖朝向圈心，成丁字扣步，同时向左拧身回头，二目平视。（图 3-116）

　　左转 90°，重心落于右腿，上身正直，提起左腿，膝微屈，左足足面绷直，用足尖向前弹出。（图 3-117）

　　把弹出的左足立即抽回。左足内踝骨贴在右腿小腿内侧停住，以免身体站立不稳，二目平视。（图 3-118）

　　把抽回的左足向前伸出，落于走转的圈上，二目向前平视。（图 3-119）

重心移于左腿，右膝微屈，右足足面绷直，用足尖向前弹出。如此交替再踢一圈，也是8腿。（图3-120）

重心仍落于右腿，在起势处第8腿弹出后不再向圈心扣步，而是向右转身180°，松胯掰腿，足尖朝前落于圈上，二目向前平视。（图3-121）

【要点】

双拳按于腹部，意守丹田，并含有双手捋带之意。弹腿时，自然呼吸，气沉丹田。弹出之腿不要过高，力在足尖，但力量不要大，只要把小腿绷直即可，抽腿要迅速，目的是练习腿脚的灵活性。

图 3-116

图 3-117

图 3-118

图 3-119

图 3-120

图 3-121

>>>

35. 踹腿

在起势处，上身正直，重心落于右腿，左提起腿，屈膝，足尖外展，成横足向前方踹出，二目向前平视。（图3-122）

把横踹之腿立即抽回，左足足跟贴于右膝下部停住，以免身体站立不稳，二目前视。（图3-123）

把抽回的踹腿向前伸出，落于走转的圈上，二目向前平视。（图3-124）

图3-122　　　　　图3-123　　　　　图3-124

重心移至左腿，右腿提起，屈膝，右足尖外展成横足向前方踹出。如此向左走一圈，共交替踹出8腿。（图3-125）

在起势处，踹出的第8腿不再立即抽回，而是落于圈上，足尖朝向圈心成丁字扣步。向左拧身回头，二目平视。（图3-126）

左转身90°，重心落于右腿，上身正直，提起左腿，屈膝，足尖外展，左足成横足向前方踹出，二目向前平视。（图3-127）

把踹出的左足立即抽回，足跟贴于右膝下部停住，以免站立不稳，二目向前平视。（图3-128）

把抽回的踹腿向前伸出，落于圈上，二目向前平视。（图3-129）

重心移至左腿，右腿提起，屈膝，右足尖外展成横足，向前方横踹而出，二目向前平视。再抽回右足，踹左足。如此向右走一圈，共交替踹出8腿。（图3-130）

<<<

重心仍落于左腿，在起势处，当第8腿踹出后不再向圈心扣步，而是向右转身180°，松胯掰右腿，足尖朝前落于圈上，二目向前平视。（图3-131）

【要点】

双拳按于腹部，意守丹田，并含有双手将带之意。踹腿时，自然呼吸，气沉丹田。踹出之腿不要过高，力在足心，但力量不要过大，只要把腿踹直即可，抽腿要迅速，目的是练习出腿、抽腿的灵活性。

图3-125　　　　　　图3-126　　　　　　图3-127

图3-128　　　　图3-129　　　　图3-130　　　　图3-131

>>>

36. 切腿

在起势处，上身正直，重心落于右腿，左腿提起，屈膝，足尖里扣成横足向前方切出左，二目向前平视。（图3-132）

把横切出的左足立即抽回，足跟贴于右膝下部停住，以免站立不稳，二目向前平视。（图3-133）

把抽回的左腿向前伸出，落于圈上，二目向前平视。（图3-134）

重心移至左腿，右腿提起，屈膝，右足尖里扣成横足向前方横切而出。二目向前平视。再抽回右足，换左足切出。如此向右走一圈，共交替切出8腿。（图3-135）

图3-132　　　　　图3-133　　　　　图3-134　　　　　图3-135

在起势处，切出的第8腿不再立即抽回，而是落于圈上，足尖朝向圈心成丁字扣步。向左拧身回头，二目平视。（图3-136）

左转身，重心落于右腿，上身正直，提起左腿，屈膝，足尖里扣成横足向前切出，二目向前平视。（图3-137）

把切出的左足立即抽回，足跟贴于右膝下部停住，以免站立不稳，二目向前平视。（图3-138）

把抽回的左足向前伸出，落于圈上，二目向前平视。（图3-139）

重心移至左腿，右腿提起，屈膝，右足尖里扣成横足向前方横切而出，二目向前平视。抽回换足再切出。如此向右走一圈，共交替切8腿。（图3-140）

重心仍落于左腿，在起势处，当第8腿切出后不再向圈心扣步，而是向右转身180°，松胯掰右腿，足尖朝前落于圈上，二目向前平视。（图3-141）

【要点】

　　双拳按于腹部，意守丹田，并含有双手将带之意。切腿时，自然呼吸，气沉丹田。切出之腿高不过膝，力在足的外沿，但力量不要过大，要用暗劲。只要把腿切直即可抽回，抽回时要迅速，以练习出腿的灵活性。

图 3-136

图 3-137

图 3-138

图 3-139

图 3-140

图 3-141

>>>

37. 蹬腿

在起势处，上身正直，重心落于右腿，左腿提起，屈膝，足尖向上向回勾，用足心向前方蹬出。双臂随蹬腿前伸，双拳变掌，掌心向下，掌指向前，二目向前平视。（图 3-142）

把前蹬的左足立即抽回，足跟贴于右膝上部停住，二目向前平视。（图 3-143）

把抽回的腿向前伸出，落于圈上，双掌收回成拳按于腹部，二目向前平视。（图 3-144）

图 3-142　　　　　　图 3-143　　　　　　图 3-144

重心移至左腿，右腿提起，屈膝，足尖向上向回勾，用足心向前方蹬出。双臂随蹬腿前伸，双拳变掌，掌心向下，掌指向前，二目向前平视。抽回右腿，换左腿再蹬出。如此向左走一圈，共交替蹬 8 腿。（图 3-145）

在起势处，蹬出的第 8 腿不再立即抽回，而是落于圈上，足尖朝向圈心成丁字扣步。向左拧身回头，双掌变拳，按于腹前，二目平视。（图 3-146）

左转身，重心落于右腿，上身正直，提起左腿，屈膝，足尖向上向回勾，用足心向前方蹬出。双臂随蹬腿前伸，双拳变掌，掌心向下，掌指向前，二目向前平视。（图 3-147）

重心仍落于右腿，双拳仍按于腹部。把蹬出的腿立即抽回，足跟贴于右膝上部停住，二目向前平视。（图 3-148）

把抽回的腿向前伸出，落于圈上，双拳变掌，按于腹前，二目向前平视。（图 3-149）

重心移至左腿，右腿提起，屈膝，足尖向上向回勾，用足心向前方蹬出。双臂随蹬腿前伸，双拳变掌，掌心向下，掌指向前，二目向前平视。抽回换足再蹬出。如此向右走一圈，共交替蹬 8 腿。（图 3-150）

重心仍落于左腿，在起势处，当第 8 腿蹬出后不再向圈心扣步，而是向右转身 180°，松胯掰右腿，足尖朝前落于圈上，二目向前平视。（图 3-151）

【要点】

双拳按于腹部，意守丹田，并含有双手将带之意。蹬腿时，自然呼吸，气沉丹田。蹬出之腿高不过肩，力在足心，但力量不要过大，要用暗劲。抽回时要迅速，增加腿的灵活性。

图 3-145

图 3-146

图 3-147

图 3-148

图 3-149

图 3-150

图 3-151

38. 点腿

在起势处，重心落于右腿，左腿提起，屈膝，绷足面，用足尖向前方的地面点出。双臂自然垂于体侧，二目向前平视。点腿时要溜臀松胯，身体可微仰，使上身、下肢、足面成一斜线。（图3-152）

把前点的左足立即抽回，提膝与腹相平，二目向前平视。（图3-153）

把抽回的腿向前伸出，落于圈上，二目向前平视。（图3-154）

图 3-152　　　　　　　图 3-153　　　　　　　图 3-154

重心移全左腿，右腿提起，屈膝，绷足面，用足尖向前方的地面点出，二目向前平视。点腿时要溜臀松胯，身体可微仰，使上身、下肢、足面成一斜线。再抽回，换足再点出。如此向左走一圈，共交替点出8腿。（图3-155）

在起势处，点出的第8腿不再立即抽回，而是落于圈上，足尖朝向圈心成丁字扣步。向左拧身回头，二目平视。（图3-156）

左转身，重心落于右腿，右腿提起，屈膝，绷足面，用足尖向前方的地面点出。点出时要溜臀松胯，身体可微仰，使身、下腹和足面成一斜线，二目向前平视。（图3-157）

把向前点出的腿迅速抽回，提膝与腹平，二目向前平视。（图3-158）

把抽回的腿向前伸出，落于圈上，二目向前平视。（图3-159）

重心移至左腿，右腿提起，屈膝，绷足面，用足尖向前方的地面点出。点腿时要溜臀松胯，身体可微仰，使身、腹、足面成一斜线。（图3-160）

重心仍落于左腿。在起势处，当第8腿点出后不再向圈心扣步，而是向右转身180°，松胯掰右腿，足尖朝前落于圈上，二目向前平视。（图3-161）

【要点】

点腿时，自然呼吸，气沉丹田。点出之腿与上身成一斜线的关键在于松胯。要点出暗劲，力在足尖。抽腿时要高，练习出腿、抽腿的灵活性。动作熟练之后，也可以增加手部动作，双手有将带之意即可。

图 3-155

图 3-156

图 3-157

图 3-158

图 3-159

图 3-160

图 3-161

>>>

39. 插掌

接上式，在起势处开始向左走圈时，重心移于右腿，上左足，双臂自然垂于身体两侧。五指指尖向下，自然弯曲，虎口微分，其余四指自然贴拢。尽力松肩向下伸臂，五指尽力下插，仿佛要插入地下，二目向前平视。（图 3-162）

左足落地时五趾抓地，右足随即轻轻提起，微蹬左足内踝骨处沿圈而行。二目向前平视。腿脚都要放松，越松越好。如此左右交替向左走圈，共走 10 圈。（图 3-163）

在起势处，面对圈心，右足在左足前扣步，足尖朝向圈外，拧身回头，二目平视。随之左转回身 90°，沿圈上左足开始向右走圈，动作与左走圈相同，也走 10 圈。（图3-164）

图 3-162　　　　　　　图 3-163　　　　　　　图 3-164

【要点】

肩臂尽力放松，五指极力下插，意在指端，以意领气，使气血通达全掌，贯注五指，仿佛五指变粗，并有热感。走圈时一足五趾抓地，一足放松而行，一松一紧，交替变化，从而使气血通达全脚。走圈时不拧腰转体，全身完全放松，自然呼吸，气沉丹田。

40. 按掌

接上式，在起势处开始向左走圈。重心移于右腿，上左足，双臂自然垂于身体两侧。五指微上抬，自然弯曲，虎口微分，尽力松肩、松臂向下按，二目向前平视。（图 3-165）

左足落地时五趾抓地，右足立即轻轻提起，微蹬左足内踝骨处沿圈而行，二目向前平视。腿足越放松越好，如此左右交替向左走 10 圈。（图 3-166）

在起势处面对圈心，右足在左足前扣步，足尖朝向圈心，拧身回头，二目平视。随之左转回身90°，沿圈上左足用相同的动作开始向右走圈，也走10圈。（图3-167）

【要点】

肩臂极力放松，五指微分，意在掌心劳宫穴。以意领气，以气领力，通达全掌，仿佛全掌变大变厚，五指变粗，双手各按一个热乎乎的圆球似的，含有暗劲。走圈时一足五趾抓地，一足放松而行，利于气血通达全脚。全身完全放松，越松越好。自然呼吸，气沉丹田。

图 3-165　　　　　　图 3-166　　　　　　图 3-167

41. 收势

接上式，在起势处扣步回身，上后脚，双足并立，双掌掌心向上，自身体两侧徐徐托起，高与眉齐，吸气收腹，二目向前平视。（图3-168）

双臂内旋，掌心向下，掌指相对，由体前徐徐下按于体侧。呼气松腹，气沉丹田，二目向前平视。（图3-169）

起身，双足并立，自然呼吸，气沉丹田，二目向前平视。（图3-170）

立正收势，静立片刻，收功。（图3-171）

【要点】

收势时，要凝神静气，全身放松。

图 3-168

图 3-169

图 3-170

图 3-171

附录：时光掠影

>>>

庆祝深圳市传统武术精英大赛二十周年

左起：徐艳霞、马春喜、刘敬儒、刘善民、廖国存

左起：余功保、高智辉、刘敬儒、刘善民、马春喜、李慈成

2018 年深圳市传统武术精英大赛，深圳市武术协会主席李慈成女士致开幕词

刘敬儒先生代表嘉宾致辞

120 人的八卦掌表演

深圳授课

签发证书

八卦掌讲座

微信扫码　看视频

八卦掌的技击特点

六十四手对练

八卦趟泥步

八卦掌养生功

徐艳霞演示
八卦掌养生功套路